Udo Weigl

Das kleine Sportspielebuch

Für Kinder von 6 bis 10 Jahren
Schule · Studium · Verein · Freizeit

Sportpraxis

Udo Weigl

Das kleine Sportspielebuch

Für Kinder von 6 bis 10 Jahren
Schule • Studium • Verein • Freizeit

hofmann.

Die Deutsche Bibliothek – CIP-Einheitsaufnahme

Weigl, Udo:
Das kleine Sportspielebuch : für Kinder von 6 bis 10 Jahren ; Schule, Studium, Verein, Freizeit /
Udo Weigl. – Schorndorf : Hofmann, 2002
  ISBN 3-7780-3542-8

Bestellnummer 3542

Gesamtherstellung in der Hausdruckerei des Verlags
Printed in Germany · ISBN 3-7780-3542-8

„Nie spielen wir das, was ich spielen möchte."

„Zu jedem Abschluss einer Stunde
müssen wir immer das gleiche Spiel spielen."

„Ich habe so viele Spielideen,
doch in der Menge hört mir niemand zu."

Inhaltsverzeichnis

V. Kampfspiele – Kraftspiele

VI. Zeit- und Wettkampfspiele

VII. Musikspiele

Liebe Leserinnen, liebe Leser,

welche Spiele haben Sie in Ihrer Kindheit gerne gespielt? Durften Sie eigene Spielwünsche einbringen, die dann tatsächlich vom Spielleiter berücksichtigt wurden, oder war dies zu Ihrem Bedauern leider nie möglich?

Wenn Sie heute in die Buchhandlung gehen und nach Sportspielen fragen, wird Ihnen der Buchhändler sicher eine Unmenge an Buchtiteln nennen können. Nun könnte man natürlich über dieses Buch denken, noch so ein Spielbuch. Doch ich kann Sie beruhigen. Dieses Buch wird Ihr ganz persönliches Interesse wecken, denn es beschäftigt sich mit den Spielwünschen und den Aussagen der spielenden Kinder. Genau durch diesen neuen Ansatz unterscheidet sich das Buch zu den gängigen Spielbüchern und macht es für Sie als Leser so interessant. Dieses Buch möchte Ihnen dabei helfen, Ihre eigene Spielbereitschaft zu aktivieren und durch die Anwendung und Berücksichtigung der Inhalte, kostbare Zeit bei der Planung einzusparen.

In anderen Sportspielbüchern entscheidet der Autor darüber, welche einzelnen Spiele in seinem Buch erwähnt werden und welche nicht. Die Inhalte in diesem Buch wurden von den Kindern selbst vorgegeben und seitens des Autors komplett berücksichtigt.

Die Idee zu diesem Buch „Das kleine Sportspielebuch" entstand aus den vom Autor eigens gemachten Erfahrungen in Schulpraktika. Er konnte jedes Mal feststellen, dass bei den Spielvorschlägen der Kinder immer wieder nur die gleichen Spiele von den Sportlehrern berücksichtigt wurden und dabei Spielwünsche, außer den Spielen Fußball, Völkerball und Brennball, meist zu kurz kamen.

In diesem Buch werden Ihnen 37 unterschiedliche Spiele in sieben Spielblöcken vorgestellt, deren Zusammensetzung gemeinsam mit einer Arbeitsgruppe der Wiesbadener Goethe-Grundschule entstand. Zu dieser Arbeitsgruppe gehörten 20 Kinder, darunter elf Jungen und neun Mädchen, im Alter zwischen 7–10 Jahren. Aufgrund der Einbindung von leistungsstarken und leistungsschwachen Kindern ist es gelungen, eine große Meinungsbreite einzufangen, die den Inhalt des Buchs so wertvoll macht.

Im Anschluss an die jeweiligen Spielblöcke konnten die Spieler Sympathiepunkte an die verschiedenen Spiele verteilen. Auf diesem Weg entstand eine Beliebtheitsrangliste, an der Sie sich als Leser ebenfalls orientieren können.

Einer Abwandlung der Spiele auf die spezielle Zusammensetzung der Gruppe und auf die jeweilige Gruppengröße steht nichts im Wege. Dem Autor sowie den Kindern der Arbeitsgruppe war es wichtig, dass die jeweiligen Spieler den eigenen Spieltrieb verwirklichen konnten, und dass das Einbringen der individuellen Fantasie der Spieler in das Spielgeschehen möglich gemacht wurde.

Vorwort

Denken Sie bei der Durchführung der Spiele immer daran, dass der Sicherheitsaspekt beachtet wird.

Am Ende des Buchs finden Sie unsere Postfachanschrift, um uns Ihre Erfahrungen, Ihre Anmerkungen und Ihre Ideen mitzuteilen.

Nun wünschen wir viel Spaß beim Lesen und Nachspielen der Spiele.

Arbeitsgruppe Sportspiele der Goethe-Grundschule Wiesbaden

Spiele, die wir Kinder gerne spielen

I.
Lauf- und Fangspiele

I. Das Luftballonspiel

Spielidee	Jeder darf den Luftballon des anderen platzen lassen, doch gleichzeitig muss jeder Spieler darauf achten, dass der eigene Luftballon nicht von den anderen Spielern zum Platzen gebracht wird.
Spielfläche	Die Spielfläche ist variabel bestimmbar (Beispiel: 20 x 20 m, durch Hütchen abgestecktes Spielfeld).
Spielmaterial	Für jeden Spieler einen Luftballon und ein maximal 50 cm langes Band (z. B. Paketschnur), welches um das Fußgelenk herumgebunden und am Luftballon befestigt wird.
Spielregeln	In diesem Spiel spielt jeder für sich selbst. Das vorher vereinbarte Spielfeld darf nicht verlassen werden. Wenn der eigene Luftballon zerplatzt, scheidet man nicht aus, sondern kann weiterhin versuchen, die Luftballons der anderen Kinder zum Platzen zu bringen.

Sieger ist derjenige, der am längsten von allen Kindern seinen aufgeblasenen Luftballon behält.

Meinung der Kinder zu diesem Spiel

Was macht euch an diesem Spiel am meisten Spaß?

- Es macht Spaß, wenn der Luftballon kaputtgetreten wird und es einen lauten Knall gibt. Es war toll, wie viele Kinder in Bewegung waren.
- Ich war nicht traurig, als mein Luftballon zerplatzte, weil ich weiterhin mitspielen durfte.

Was gefällt euch an diesem Spiel nicht?

!!! Es gab keine negativen Äußerungen zu diesem Spiel !!!

Mit welcher von euch entwickelten Taktik hat es am besten geklappt?

- Man muss gut täuschen und geschickt ausweichen können.
- Entweder muss man schnell weglaufen oder das Bein mit dem befestigten Luftballon hochheben, um sich aus einer kniffligen Situation zu befreien.
- Man kann sich in einer der vier Ecken kurz ausruhen, da die meiste Bewegung im Inneren des Spielfelds stattfindet, um sich dann dort auf den nächsten Angriff vorzubereiten.

Variationsmöglichkeiten

- Spielen mit zwei Luftballons. Einen Luftballon rechts und einen weiteren links am Bein.

Anmerkungen zum Spielgeschehen nach der Beobachtung von außen

Das Luftballonspiel hat den Kindern sehr viel Spaß gemacht. Ständig waren sie unterwegs. Die Spannung liegt mit hundertprozentiger Gewissheit darin, ob nun der eigene oder der fremde Luftballon kaputtgeht oder nicht. Meine Befürchtung, dass die Kinder, deren Ballon kaputtgemacht wird, nun traurig sind, bestätigte sich im gemein-

samen Gespräch nicht. „Es war nicht schlimm, denn ich durfte ja weiterhin mitspielen", war die häufigste Antwort.

Anmerkungen vom Leser

2. Bändersammeln

Spielidee	Jeder Spieler versucht, so viele Bänder wie nur möglich zu sammeln. Allerdings muss jeder Spieler gleichzeitig darauf aufpassen, dass das eigene Band nicht weggezogen wird.
Spielfläche	Das Spiel „Bändersammeln" hat den Kindern in einem Hallensegment am meisten Spaß gemacht (je enger, desto besser).
Spielmaterial	Jeder Spieler erhält ein Band.
Spielregeln	In diesem Spiel spielt jeder für sich selbst. Das Band muss hinten in die Hose geklemmt werden. Es muss bei allen Spielern gleich weit heraushängen. Das Band darf nicht von einem selbst festgehalten werden. Es ist verboten, sich mit dem Rücken zur Hallenwand zu drücken, weil es dadurch nicht möglich ist, an das Band zu kommen.

Dem Kind, das stürzt, darf das Band nicht weggenommen werden. Allerdings ist es nicht erlaubt, sich absichtlich fallen zu lassen. Wird das vom Spielleiter gesehen, muss das Band an den jeweiligen Fänger abgegeben werden.

Die gesammelten Bänder werden am Ende des Spiels mit jeweils einem Punkt bewertet.

Wer von allen Spielern sein Band am längsten verteidigt, erhält zwei Bonuspunkte.

Der Spieler mit den meisten Punkten gewinnt das Spiel.

Meinung der Kinder zu diesem Spiel

Was macht euch an diesem Spiel am meisten Spaß?

- Mir hat es gut gefallen, dass man bei jedem Band einen Punkt erhält und man sehen kann, wer am Schluss die meisten Punkte hat.
- Ich fand es toll, dass man trotzdem weitermachen konnte, obwohl man sein eigenes Band an einen anderen Spieler verloren hatte.
- Die doppelte Aufgabe, dass man einerseits aufpassen muss, dass einem das Band nicht genommen wird und andererseits, dass man versuchen muss Bänder zu sammeln, um möglichst viele Punkte zu bekommen.

Was gefällt euch an diesem Spiel nicht?

- Mir hat es nicht gefallen, dass einige Spieler sich extra fallen gelassen haben, wenn sie nicht mehr weiterlaufen konnten.
- Einige Kinder haben sich an die Wand gedrückt und man konnte dadurch nicht an das Band herankommen.
- Ich fand es sehr anstrengend, als zum Ende hin alle Spieler ohne ein Band in der Hose mich von allen Seiten bedrängt haben (Äußerung von den beiden Spielern, die zum Ende hin noch übrig waren).

Mit welcher von euch entwickelten Taktik hat es am besten geklappt?

- Man muss versuchen, die anderen zu täuschen. Allerdings darf man sich dabei nicht mit dem Rücken zum Fänger drehen, da es ihm ansonsten zu einfach gemacht wird, das Band zu nehmen.

- Wenn man bedrängt wird, muss man sich mit dem Gesicht zum Gegenspieler drehen, um auf der einen Seite das eigene Band zu schützen und auf der anderen Seite dem Gegenspieler zu zeigen, dass man sein Band haben möchte.
- Man muss sich schon vor Spielbeginn einen Spieler aussuchen, dem man das Band als erstes abnehmen möchte.

Variationsmöglichkeiten

- Drei vorher benannte Fänger, die über keine eigenen Bänder verfügen, müssen die Bänder aller übrigen Spieler in einem bestimmten Spielfeld sammeln.
- Der Spieler, dessen Band genommen wird, setzt sich auf den Boden und stellt so ein Hindernis für die restlichen Läufer dar.

Anmerkungen zum Spielgeschehen nach der Beobachtung von außen

Bei diesem Spiel, das wir insgesamt drei Mal spielten, weil das Interesse sehr groß war, ist aufgefallen, dass keiner ohne Punkt blieb. Dies war wichtig für die Motivation der Kinder. Einige Kinder haben sich in eine der Ecken der Halle gestellt und genau beobachtet, bei welchem Gegenspieler es am einfachsten klappt, das Band zu bekommen. Die Spieler, die an einem Gegenspieler dranblieben, hatten am meisten Erfolg. Man konnte sehen, wie einige immer langsamer und unkonzentrierter wurden, was das Wegnehmen des Bandes vereinfachte.

Anmerkungen vom Leser

3. Eismann

Spielidee	Die beiden Fänger versuchen, die anderen Spieler so schnell wie nur möglich zu fangen, sodass kein Läufer übrig bleibt, der die anderen Spieler befreien kann.
Spielfläche	Gespielt wird in einem Hallensegment. Auf keinen Fall ein kleineres Feld, da sonst die Möglichkeit des Weglaufens zu stark eingeschränkt wird.
Spielmaterial	Markierungshemden für die Fänger.
Spielregeln	Zwei Fänger werden vom Spielleiter bestimmt. Wer gefangen wird, muss sich genau an diesem Platz in der Halle in Grätschstellung aufstellen. Es ist nicht erlaubt, als Gefangener zu einem Befreier hinzulaufen. Man muss an seinem Platz bis zur Befreiung stehen bleiben.

Das Spiel endet nach dem Ablauf einer vorher vereinbarten Zeitspanne, oder wenn die Fänger alle Kinder gefangen haben und somit eine Befreiung nicht mehr erfolgen kann.

Meinung der Kinder zu diesem Spiel

Was macht euch an diesem Spiel am meisten Spaß?

- Mir hat es am meisten gefallen, alle Spieler so schnell wie möglich zu fangen, sodass es keinen Befreier mehr gab.
- Es ist spannend, wenn man einen Gefangenen befreien möchte und sich dadurch in Gefahr bringt, selbst gefangen zu werden.
- Es macht Spaß, solange vor einem Fänger wegzulaufen, bis dieser aufgibt.

Was gefällt euch an diesem Spiel nicht?

!!! Es gab keine negativen Äußerungen zu diesem Spiel !!!

Mit welcher von euch entwickelten Taktik hat es am besten geklappt?

- Ich habe die Situation von außen beobachtet und habe dann andere befreit.
- Man muss gut täuschen können und geschickt ausweichen.
- Man muss an einem Spieler dranbleiben, bis man ihn fängt, weil er mit der Zeit müde wird.

Variationsmöglichkeiten

- Um einen Gefangenen zu befreien, muss man im Bocksprung über ihn springen.
- Um ein Spiel schneller, intensiver und extrem schwierig für die Fänger zu gestalten, reicht es schon, wenn man durch eine Berührung einen Gefangenen befreien kann.
- Man kann diese Variante auch mit einem Zusatz spielen. Derjenige, der durch Abklatschen befreit wird, muss fünf Kniebeugen machen. Danach ist er, wenn er nicht wieder gefangen wird, erneut Läufer.

Anmerkungen zum Spielgeschehen nach der Beobachtung von außen

Die schnellen Läufer der Gruppe schafften es, alle zu fangen, sodass es keine Befreier mehr gab. Bei den anderen wurde das Spiel nach fünf Minuten abgebrochen. Nach einer kurzen Ruhepause wurden zwei neue Fänger bestimmt. Es schien fast so, als hätten die Kinder dieses Spiel eine Stunde lang spielen können. Jeder von ihnen wollte mindestens einmal der Fänger sein. Bei den Kindern, die es schafften, alle Spieler zu fangen, war auch ein Absprechen untereinander und ein gemeinsames Fangen eines schnellen Kindes üblich.

Anmerkungen vom Leser

_____

_____

_____

_____

_____

_____

4. Kettenfangen

Spielidee	Die Fänger (und die, die zum Fänger werden) sollen in möglichst kurzer Zeit versuchen, alle Spieler zu fangen.
Spielfläche	Die Fläche sollte mindestens ein Hallensegment umfassen.
Spielmaterial	Keine Materialien erforderlich!
Spielregeln	Zwei Fänger werden zu Beginn bestimmt. Wenn die Kinder jemanden fangen, bilden sie eine Kette und halten sich an der Hand fest. Man darf den anderen nicht loslassen, um jemanden abzuschlagen. Wenn drei Kinder eine Kette bilden und es wird ein vierter Spieler gefangen, dann teilt sich diese Viererkette in zwei Zweierketten auf.

Das Spiel endet nach Ablauf einer vorher vereinbarten Zeitspanne, oder wenn ein Läufer übrig bleibt und das Spiel somit vorzeitig gewinnt.

Meinung der Kinder zu diesem Spiel

Was macht euch an diesem Spiel am meisten Spaß?

Dass man mit mehreren Kindern zusammen fangen muss.

Was gefällt euch an diesem Spiel nicht?

- Es macht keinen Spaß, wenn jeder aus der Fängergruppe einen anderen fangen will, sodass man sich fast zerreißt.
- Wenn sich die Gruppe nicht auf ein System einigen kann, verliert man schnell die Lust.
- Man sieht einen Spieler, den man ganz leicht fangen kann, doch die anderen entscheiden sich für die andere Richtung. Dies war manchmal recht schmerzhaft.

Mit welcher von euch entwickelten Taktik hat es am besten geklappt?

- Man muss sich ein Opfer zusammen aussuchen, sonst läuft man zu oft in die entgegengesetzte Richtung und tut sich weh.
- Man muss miteinander sprechen, damit es zu einheitlichen Handlungen kommt.

Variationsmöglichkeiten

- Alle Spieler bleiben fest zusammen und bilden eine ganz lange Kette, die sich während des gesamten Spiels nicht aufteilt.

Anmerkungen zum Spielgeschehen nach der Beobachtung von außen

Nach fünf Minuten schien die Luft draußen zu sein. Immer wieder lösten sich die Gruppen aus einer Kette und schlugen jemanden ab. Es kam zum Streit, ob die eine oder andere Handlung nun regelgerecht war. Dabei kam es auch zu Auseinandersetzungen in den einzelnen Gruppen, weil jeder seine individuellen Aktionen einbrin-

gen wollte. Je öfter wir dieses Spiel spielten und je mehr Kinder die Taktik der ‚guten Spieler' übernahmen, umso mehr Spaß hatten die Kinder bei diesem Spiel. Damit dieses Spiel jedoch den meisten oder allen Spaß macht, müssen viele gemeinsame Versuche gestartet werden.

Anmerkungen vom Leser

5. Steinerollen

Spielidee	Der zu Beginn bestimmte Fänger muss die auf der anderen Seite positionierten Spieler beim Laufen, von einer Wand zur anderen, fangen.
Spielfläche	Nicht kleiner als ein Hallensegment!
Spielmaterial	Keine Materialien erforderlich!
Spielregeln	Vom Spielleiter wird ein Fänger bestimmt. Der Fänger geht auf die eine, die Gruppe der Läufer auf die andere Wandseite. Wenn der Fänger „Steinerollen" gerufen hat, dürfen die Kinder auf der anderen Seite loslaufen. Ihr Ziel ist es, die gegenüberliegende Wand abzuklatschen, um nicht mehr abgefangen zu werden. Jedes Kind, das vom Fänger abgefangen wird, muss sich dort auf den Boden setzen, wo es gefangen wurde.

Alle gefangenen Spieler die sitzen, werden zu Helfern des Fängers. Diese Gehilfen dürfen die Kinder, die noch frei sind „im Sitzen" abschlagen. Sie dürfen sich aber nicht aus der sitzenden Position aufrichten. Nur der Oberkörper und die Arme dürfen zum Fangen bewegt werden.

Meinung der Kinder zu diesem Spiel

Was macht euch an diesem Spiel am meisten Spaß?
- Ich fand es gut, wenn der Fänger Helfer hatte, die die Laufwege für die übrig gebliebene Gruppe enger machten.
- Es hat Spaß gemacht, wenn der Fänger erst einem hinterherläuft und sich dann, weil man für ihn zu schnell war, für ein neues Opfer entschied.

Was gefällt euch an diesem Spiel nicht?
- Wenn der Fänger einige Kinder gefangen hat, wird es ziemlich eng und man wird leicht gefangen.
- Es ist unfair, wenn sich die Helfer von ihrem Platz wegbewegen und dadurch das Durchlaufen zusätzlich erschweren.
- Der Fänger hat mir beim Abschlagen viel zu fest auf den Rücken geschlagen.

Mit welcher von euch entwickelten Taktik hat es am besten geklappt?
- Fänger: Man muss so fangen, dass man sowohl außen wie innen fängt, damit die Zwischenräume, durch die sitzenden Helfer, enger werden.
- Läufer: Man muss sehr gut täuschen, um den Fänger und den Helfern zu entkommen.
- Läufer: Man muss mit einem sehr hohen Tempo laufen, bis man die andere Wand erreicht, um sicherzugehen, dass man nicht mehr gefangen werden kann.

Variationsmöglichkeiten

- Statt auf einem festen Platz sitzen bleiben zu müssen, darf der gefangene Spieler sich nun auf dem Boden rutschend fortbewegen.
- Die Helfer können sich bei dieser Variante auf allen vieren fortbewegen.

Anmerkungen zum Spielgeschehen nach der Beobachtung von außen

Dies war ein Spiel, was allen Kindern viel Spaß gemacht hat. Jeder wollte der zu Beginn bestimmte Fänger sein. Je enger das Spielfeld wurde, umso spannender entwickelte sich das Spiel. Dem unrechtmäßigen Hin- und Herrutschen der sitzenden Helfer war nur schwer entgegenzuwirken. Dieses Spiel ist ein Strategiespiel, bei dem der Fänger selbst bestimmen kann, (vorausgesetzt, er verfügt über eine gute Schnelligkeit) wo er die Helfer positioniert.

Anmerkungen vom Leser

6. „1,2,3,4 Ochs am Berg"

Spielidee	Die Läufer müssen versuchen, die Wand der Gegenseite zu berühren, ohne vorher ‚in Bewegung' vom Wächter gesehen worden zu sein.
Spielfläche	Die Spielfläche sollte mindestens ein Hallensegment betragen.
Spielmaterial:	Keine Spielmaterialien erforderlich!
Spielregeln	Vom Spielleiter wird zu Beginn ein Wächter bestimmt. Der Wächter geht an die eine und die Läufer an die gegenüberliegende Wandseite. Während der Wächter sich zu seiner Wand dreht und „1,2,3,4 Ochs am Berg" ruft, dürfen die Kinder laufen. Sobald sich der Wächter umgedreht hat, darf sich niemand mehr bewegen. Geschieht dies doch, wird dieser vom Wächter in der ersten Phase (alle Läufer noch in der eigenen Hälfte) zur eigenen Wand zurückgeschickt.

Sobald ein Läufer in der zweiten Phase (er befindet sich in der anderen Spielhälfte) in Bewegung erwischt wird, muss er drei große Schritte zurückgehen.

Das Spiel ist beendet, sobald einer der Läufer die Hallenwand des Wächters berührt, ohne vorher vom Wächter ,in Bewegung' gesehen worden zu sein.

Meinung der Kinder zu diesem Spiel

Was macht euch an diesem Spiel am meisten Spaß?

• Es macht Spaß, in einer bestimmten Körperhaltung zu versteinern.
• Ich fand es toll, innerhalb einer kurzen Zeit so weit wie möglich zu laufen, ohne vom Wächter erwischt zu werden.

Was gefällt euch an diesem Spiel nicht?

• Ich fand es unfair, wenn sich der Wächter dreht, bevor er seinen Satz vollständig ausgesprochen hat.
• Obwohl sich die vorderen Kinder nicht mehr bewegt haben, lässt der Wächter diese Spieler Schritte zurückgehen. Bestimmt deshalb, weil er Angst hat, dass diese ihm zu nah kommen.
• Nachdem der Wächter die ertappten Spieler drei Schritte zurückgeschickt hat, gehen manche von ihnen kurz danach, vom Wächter unbeobachtet, ein oder zwei Schritte wieder nach vorne.

Mit welcher von euch entwickelten Taktik hat es am besten geklappt?

• Wenn man weniger Schritte nach vorne macht, kommt man schneller zum Stehen und muss weniger Strafschritte zurückgehen.
• Wenn der Wächter herumläuft, um zu schauen, ob sich jemand noch bewegt, ist es ratsam, einen bestimmten Punkt in der Halle anzuvisieren und an etwas anderes zu denken. So kann man es vermeiden, auf eine witzige Formulierung des Wächters hin, zu lachen und sich somit doch noch einmal zu bewegen.

Variationsmöglichkeiten

- Von Beginn an bewegen sich die Spieler auf allen vieren.
- Ebenso kann man vorgeben, dass sich die Spieler nur rückwärts laufend fortbewegen dürfen.

Anmerkungen zum Spielgeschehen nach der Beobachtung von außen

Wir hatten nicht genügend Zeit, sodass jeder Spieler einmal Wächter sein konnte. Wenn der Wächter auf die Spieler zukommt, während sie versteinert dastehen, wird es immer sehr lustig. Wenn der Wächter gerade einmal woanders hinschaut, werden lustige Grimassen gezogen oder auch mal unfairerweise kleine Schritte nach vorne gemacht. Der Wächter ist der Hauptdarsteller in diesem Spiel, denn er entscheidet letztendlich darüber, ob sich jemand bewegt hat oder nicht. Meiner Meinung nach, haben die jeweiligen Wächter manche Kinder, die ihnen zu nahe gekommen sind, so lange beobachtet, bis der Spieler sich schließlich bewegt hat und drei Strafschritte zurückgehen musste (Wimpern gewackelt, geschluckt usw.).

Anmerkungen vom Leser

_____

_____

_____

_____

_____

_____

Spiele, die wir Kinder gerne spielen

II.
Ballspiele

1. Das große Treibballspiel

Spielidee	Die zu Beginn fest positionierten Medizinbälle müssen so getroffen werden, dass sie in die gegnerische Hälfte rollen.
Spielfläche	Gespielt wird in einem Hallensegment, wobei die Mittellinie und die beiden, parallel verlaufenden Linien (links und rechts gesehen von der Mittellinie) des Volleyballfelds von Bedeutung sind.
Spielmaterial	Drei Medizinbälle, die auf die Mittellinie gelegt werden. Jede Mannschaft erhält gleich viele Bälle zum Werfen (bestenfalls jeder Spieler einen Ball).
Spielregeln	Vor dem Beginn des Spiels wird eine Spielzeit (z. B. zehn Minuten) gemeinsam festgelegt. Die Mitte des Spielfelds (Tabuzone) darf nicht betreten werden. Jedes Kind erhält einen Ball, den es nach dem Kommando werfen kann.

Nur die Bälle, die in der eigenen Laufzone (Fläche hinter der eigenen Grundlinie) liegen, dürfen geholt und geworfen werden.

Ist die Spielzeit vorbei oder sind alle drei Medizinbälle über eine der beiden Grundlinien gerollt, werden die Punkte gezählt und das Endergebnis laut verkündet.

Die Punkte ergeben sich wie folgt:

Einen Punkt, wenn der Medizinball in der gegnerischen Hälfte bei Beendigung des Spiels liegt.

Drei Punkte, wenn der Ball in die gegnerische Laufzone gelangt, wobei dieser Ball dann im weiteren Spielgeschehen keine Rolle mehr spielt.

Wenn sich nach einer gewissen Zeit zu viele Bälle in der Mitte des Spielfelds befinden (die Bälle dürfen während des Spiels nicht geholt werden), unterbricht der Spielleiter kurzzeitig das Spiel und teilt die Bälle in der Spielfeldmitte gerecht auf. Danach läuft die übrige Spielzeit weiter.

Meinung der Kinder zu diesem Spiel

Was macht euch an diesem Spiel am meisten Spaß?

- Am meisten Spaß hatte ich daran, wenn ich den Medizinball getroffen und er viele Umdrehungen gemacht hat.
- Ich fand es spannend, dass sich der Zwischenstand ständig veränderte und die Zwischenstände den Gruppen durch den Spielleiter laut mitgeteilt wurden.
- Es macht Spaß, dass man bei diesem Spiel so viele Aktionen hintereinander hat.

Was gefällt euch an diesem Spiel nicht?

- Man muss unheimlich viel laufen.
- Ich habe nicht immer die Medizinbälle getroffen.
- Wenn ich mit wenig Kraft geworfen habe, hat sich der Medizinball zwar bewegt, doch schließlich ist er wieder in seine vorherige Stellung zurückgerollt.
- Spieler aus der eigenen Mannschaft haben mir die Bälle, mit denen ich werfen wollte, weggenommen.

Mit welcher von euch entwickelten Taktik hat es am besten geklappt?

- Man muss schnell die Bälle holen, um einerseits den Gegner unter Druck zu setzen und andererseits Angriffe des Gegners ständig abzuwehren.
- Man sollte erst die gefährlich werdenden Medizinbälle der Gegner abwehren, um drei Punkte des Gegners zu verhindern, bevor man für das Weiterbringen eines anderen Medizinballs in die gegnerische Hälfte zum Schluss nur einen Punkt erhält und das Spiel möglicherweise verliert.

Variationsmöglichkeiten

- Man könnte unterschiedliche Bälle zum Werfen oder Hinlegen verwenden (Softball, Basketball, Tennisball, gesondert markierter Medizinball).

Anmerkungen zum Spielgeschehen nach der Beobachtung von außen

In diesem Spiel steckt sehr viel Bewegung. Alle Kinder sind ständig in Aktionen verstrickt. Je mehr Bälle zum Werfen da sind, umso besser. Während unserer Projektphase haben wir dieses Spiel immer wieder gespielt. Alle Spieler hatten sehr viel Spaß dabei und es war keinem langweilig. Einige der Spieler jammerten über das sehr anstrengende Laufen während der gesamten Spieldauer. Die Mannschaft, die im zweiten Durchlauf dafür sorgte, dass es eine Aufteilung der Kinder in holende und werfende Spieler (im Wechsel zur Hälfte der Zeit) gab, gewannen durch die Zufriedenheit aller Spieler dieser Gruppe die Spiele deutlich.

Anmerkungen vom Leser

_____

_____

_____

_____

_____

2. Das kleine Treibballspiel

Spielidee

Hierbei müssen die Medizinbälle so getroffen werden, dass sie den Spielkreis in der gegnerischen Hälfte verlassen.

Spielfläche

Gespielt wird in einem Hallensegment.

Spielmaterial

Drei Medizinbälle: Jeder Spieler erhält einen kleinen Ball zum Werfen (sollte nicht für jedes Kind ein Ball da sein, dann verteilt man einfach gleich viele Bälle an beide Mannschaften).

Spielregeln

Zu Beginn des Spiels wird eine Spielzeit (z. B. zehn Minuten) gemeinsam vereinbart.
Die Mitte des Spielfelds darf während des gesamten Spiels nicht betreten werden. Nur die Bälle, die sich in der eigenen Laufzone befinden, dürfen geholt und schließlich geworfen werden.

Jedes Kind erhält einen Ball, den es bei Kommando werfen kann.

Ist die Spielzeit vorbei oder sind alle drei Medizinbälle über eine der beiden Kreislinien gerollt, werden die Punkte gezählt und ein Endergebnis verkündet.

Die Punkte werden wie folgt vergeben:

Einen Punkt, wenn ein Medizinball nach Beendigung der Spielzeit in der gegnerischen Kreishälfte liegt.

Drei Punkte, wenn ein Medizinball deutlich sichtbar die gegnerische Kreishälfte überschritten hat.

Meinung der Kinder zu diesem Spiel

Was macht euch an diesem Spiel am meisten Spaß?

- Dass man bei diesem Spiel wirklich in schneller Abfolge werfen muss, weil das Spielfeld so klein ist und ein Spiel schnell zu Ende sein kann.
- Am schönsten ist es, wenn man die Medizinbälle getroffen hat.
- Ich fand es toll, dass ich die Bälle von anderen aus der Gruppe geholt bekam. In der Mitte der Spielzeit haben wir dann die Aufgaben getauscht.

Was gefällt euch an diesem Spiel nicht?

- Die Mittellinie wurde vom Gegner übertreten, um sich auf diese Weise von uns Bälle zu nehmen.
- Ich habe immer die Bälle für die Kinder am Kreis geholt, doch wir haben die Aufgabenverteilung nach der Hälfte der Spielzeit nicht gewechselt, sodass ich nicht zum Werfen am Kreis kam.

Mit welcher von euch entwickelten Taktik hat es am besten geklappt?

- Es ist gut, wenn man sich innerhalb der Gruppe abspricht, damit alle drei Bälle ständig unter Beschuss sind.
- Man sollte sich manchmal auch auf einen der drei Bälle konzentrieren und diesen versuchen, über die gegnerische Kreishälfte zu bringen.
- Man muss die eigene Mannschaft gut aufteilen. Die Kinder, die schnell sind, holen die Bälle herbei, und die Kinder, die gut werfen können, stehen am Kreis.

Variationsmöglichkeiten

- Man könnte unterschiedliche Bälle zum Werfen oder Hinlegen verwenden (Softball, Basketball, Tennisball, gesondert markierter Medizinball).
- Der jeweilige Spieler hat einen festen Medizinball, den er verteidigen muss.

Anmerkungen zum Spielgeschehen nach der Beobachtung von außen

Das Schönste an diesem Spiel ist sicher das Treffen der Medizinbälle. Dadurch, dass sich die starken und selbstbewussten Kinder einer Gruppe immer durchsetzen, stehen diese natürlich von Beginn an am Kreis und werfen. Es ist schwer, die am Kreis stehenden Kinder vom Kreis zu lösen. Also sollte man vor dem Beginn zwei gleich große Mannschaftsteile bestimmen, die in der ersten Hälfte der Spielzeit am Kreis stehen und werfen dürfen. Nach einem Signal des Spielleiters wechseln die Mannschaften die Werfer am Kreis durch die anderen Kinder, die in der ersten Spielhälfte Bälle geholt haben, ab. Damit war jedes Kind einmal Werfer und einmal Ballholer. Danach gab es diesbezüglich keinen Streit mehr.

Anmerkungen vom Leser

_____

_____

_____

_____

_____

_____

3. Ball über die Schnur

Spielidee	Die Spielidee besteht darin, den Ball solange wie nur möglich über die Schnur zu werfen, wobei man den Ball nicht auf den Boden fallen lassen darf.
Spielfläche	Die drei eingezeichneten Felder des Volleyballfelds können als drei unterschiedliche Spielflächen genutzt werden. Die Schnur ist über das gesamte Spielfeld gespannt und hat eine Höhe von etwa 1,80 m.
Spielmaterial	Je Spielfeld einen Ball (also drei Bälle); ein langes Seil; vier Hochsprungstangen, an die das Seil befestigt werden kann; je einen kleinen Kasten, der die Hochsprungstangen mit deren Gewicht verstärkt.
Spielregeln	Eine Mannschaft besteht aus drei oder vier Spielern, die jeweils auf sechs Spielfeldhälften aufgeteilt werden. Eine der beiden Mannschaften, die auf ein Spielfeld spielen, beginnt mit dem ersten Wurf.

Der Ball muss über die Schnur in die gegnerische Hälfte geworfen werden.

Die Mannschaft, die als Erste zehn Punkte erreicht hat oder nach einer vorher vereinbarten Spieldauer in Führung liegt, hat das Spiel gewonnen.

Die Punkte werden erzielt, wenn:

- der Ball unter der Schnur hindurchgeworfen wird (die gegnerische Mannschaft erhält einen Punkt).
- der Ball den Boden in der gegnerischen Spielhälfte berührt (die Mannschaft, die den Ball geworfen hat, erhält einen Punkt).
- der Ball im Aus noch von der abwehrenden Mannschaft berührt wird, bevor es einen Bodenkontakt gegeben hat (die Mannschaft, die geworfen hat, erhält einen Punkt).

Meinung der Kinder zu diesem Spiel

Was macht euch an diesem Spiel am meisten Spaß?

- Wenn man gut fangen kann, weiß man, dass man ein wertvoller Spieler ist.
- Es war toll, dass wir, mit einem Spieler weniger, trotzdem gewonnen haben.
- Mir hat es Spaß gemacht, einen Ball über eine Schnur zu werfen, wobei die Höhe der Schnur sehr gut gewählt war.
- Dadurch, dass das Spielfeld nicht größer war, konnten die Bälle gut abgelaufen werden.
- Damit es allen Kindern Spaß macht, habe ich zwar die schwierigen Bälle gefangen, aber sie danach auch denjenigen Spielern zum Werfen gegeben, die nicht so gut fangen können.
- Wenn ein Spiel zum Ende hin vom Ergebnis her sehr knapp war, wurde es unheimlich spannend.

Was gefällt euch an diesem Spiel nicht?

- Manche Spieler konnten gut fangen, andere überhaupt nicht, sodass die gegnerische Mannschaft schon darauf achtete, auf die Kinder zu werfen, die nicht fangen können.
- Der Ball landete bei unserer Mannschaft viel zu oft auf dem Boden.

Mit welcher von euch entwickelten Taktik hat es am besten geklappt?

- Der Spieler, der am nächsten zum geworfenen Ball steht, der fängt ihn auch.
- Ich habe versucht, den anderen sicherheitshalber zur Seite zu stehen, wenn diese den Ball nicht fangen konnten.
- Als Werfer habe ich dahin geworfen, wo niemand steht oder zu denen, die nicht so gut fangen können.
- Ich habe den Ball mal weit und mal ganz knapp über die Schnur geworfen, sodass die anderen nie wussten, ob ich nun weit oder nicht weit werfen würde.

Variationsmöglichkeiten

- Das gleiche Spiel kann man in einer höheren Schwierigkeitsstufe auch mit einem Gummiring spielen (siehe dazu das Spiel „Ringtennis").

Anmerkungen zum Spielgeschehen nach der Beobachtung von außen

Dieses Spiel hat den Kindern sehr viel Spaß gemacht. Zu Beginn musste ich die Kinder darauf hinweisen, dass sie die Bälle auch einmal an die Kinder abgeben, die nur wenige Bälle selbst fangen können. Jedoch nach einer gewissen Spieldauer gaben die Spieler selbstständig gefangene Bälle ab, sodass jeder Spieler voll ins Spielgeschehen integriert war. Dieses Spiel zeigte sehr deutlich, dass einige Kinder koordinative Probleme beim Fangen eines Balls haben. Weil diese sich in gewisser Weise rausreden wollten, hatten sie als Vorwand schnell eine Verletzung am Finger, an der Hand oder sind vor kurzem mit dem Fuß umgeknickt. Sie wollten sich sicher nicht die Blöße geben und als schlechter Spieler beim Spiel „Ball über die Schnur" abschneiden.

Anmerkungen vom Leser

_____

_____

_____

_____

4. Hula-Hoop-Ball (Flitzball)

Spielidee	Der Ball soll durch den Reifen geworfen werden. Die eine Mannschaft versucht Punkte zu erzielen und die andere Mannschaft versucht, dies ohne Körperkontakt zu verhindern.
Spielfläche	Gespielt wird mindestens auf ein Hallensegment. Es kann ebenso eine größere Fläche gewählt werden.
Spielmaterial	Zwei Hula-Hoop-Reifen; ein Ball; genügend Leibchen für eine der beiden Mannschaften.
Spielregeln	Die Spielzeit kann vor Spielbeginn frei bestimmt werden. Es wird in jeder Mannschaft ein Ringspaziergänger bestimmt, der in seiner Hälfte den Reifen senkrecht über dem Kopf hebend spazieren trägt. Dabei darf er keine hektischen Bewegungen durchführen.

In jeder Mannschaft gibt es eine abwehrende und eine angreifende Gruppe. Die Zuteilung wird zur Hälfte der Spielzeit nach einer kurzen Unterbrechung gewechselt.
Ein Punkt ist dann erzielt, wenn der Ball durch den gegnerischen Reifen geworfen wird.
Der Ball darf der gegnerischen Mannschaft nur im Fliegen abgenommen werden.
Schritte mit dem Ball in der Hand sind nicht erlaubt.

Meinung der Kinder zu diesem Spiel

Was macht euch an diesem Spiel am meisten Spaß?

- Das Beste an dem Spiel ist, wenn man den Ball durch den Reifen hindurchwirft und damit einen Punkt erzielt.
- Ich fand es toll, dass man, wenn man gut zusammenspielt, so viele Punkte wie möglich erzielen konnte.
- Man musste sich in der gegnerischen Hälfte immer wieder auf eine neue Spielsituation einstellen, weil der Spaziergänger immer an unterschiedlichen Orten anzutreffen war.

Was gefällt euch an diesem Spiel nicht?

- Mir hat es nicht gefallen, dass einem der Ball aus der Hand genommen, geschlagen oder getreten wurde.
- Es hat keinen Spaß gemacht, wenn man keine Punkte erzielt oder gar keinen Ball bekommen hat.
- Manche haben in der ersten Übungsphase, wo man den Ball noch mit Schritten führen durfte, alles alleine gemacht.

Mit welcher von euch entwickelten Taktik hat es am besten geklappt?

- Durch schnelles Laufen, Anbieten und schnelles Passen kommt man am einfachsten in die Nähe des Hula-Hoop-Reifen.
- Man muss versuchen, so nah wie möglich an den Reifen zu kommen, damit der Wurf sicher zu einem Punkt führt.

- Man sollte zwar jeden Spieler seiner Mannschaft mal werfen lassen, doch sollte man auch darauf achten, dass man Spieler anspielt, die beispielsweise in einem Handballverein spielen, weil die das Werfen einfach besser beherrschen.

Variationsmöglichkeiten

- Jeder Spieler einer Mannschaft muss den Ball mindestens einmal gehabt haben, bevor ein Punkt erzielt werden kann. So sind alle Spieler ins Spiel integriert.
- Der Gymnastikreifen wird mit der Öffnung nach oben über dem Kopf gehalten (Flinker Korb).

Anmerkungen zum Spielgeschehen nach der Beobachtung von außen

Als wir das Spiel zum ersten Mal spielten, wollte jeder Spieler, der mit einem Ball gut umgehen kann, alleine den Ball führen und Punkte erzielen. Dabei war nicht zu übersehen, dass viele der Kinder, die den Ball nicht bekamen, keinen Spaß an dem Spiel hatten. Wir setzten uns zusammen und überlegten uns Regeln, mit denen das Spielen allen Kindern Spaß macht. Unter anderem stellte sich in diesem Gespräch heraus, dass in der Mannschaft, die das Spiel 7:1 gewann, drei Vereinshandballer spielten und in der anderen Mannschaft kein Einziger. Also wurde im darauf folgenden Spiel darauf geachtet, dass einer der drei Handballer in die andere Mannschaft wechselte. Nachdem ich dann das zweite Spiel beenden wollte, waren die Kinder nur schwer zum Aufhören zu überreden.

Anmerkungen vom Leser

_____

_____

_____

_____

_____

5. Raufball

Spielidee	Der Ball muss die gegnerische Matte berühren.
Spielfläche	Das Spielfeld sollte mindestens die Größe von einem Hallensegment haben, doch dieses eher überschreiten.
Spielmaterial	Zwei große dicke Weichmatten; ein Ball.
Spielregeln	Vor Beginn des Spiels wird eine Spieldauer gemeinsam festgelegt. Der Spielleiter bringt den Ball neutral ins Spiel ein. Maximal drei Schritte dürfen mit dem Ball in der Hand gemacht werden. Ein Punkt wird erzielt, wenn man sich mit dem Ball in der Hand auf die gegnerische Matte fallen lässt und dabei der Ball die Matte berührt. Wird der Ball von zu vielen Spielern festgehalten, unterbricht der Spielleiter das Spiel und bringt den Ball

durch einen neutralen Wurf wieder ins Spielfeld zurück. Auf den Matten darf keiner der Spieler stehen bleiben. Wenn die Spielzeit abgelaufen ist, wird das Endergebnis laut verkündet.

Meinung der Kinder zu diesem Spiel

Was macht euch an diesem Spiel am meisten Spaß?

- Es macht am meisten Spaß, wenn man sich mit dem Ball auf die Matte fallen lässt und so einen Punkt erzielt.
- Wenn das Spiel schnell ist, also das Passen und das Laufen zügig geschieht, dann ist auch die Möglichkeit für die gegnerische Mannschaft am größten, einen Flugball abzufangen.
- Ich fand es toll, dass in der zweiten Übungsphase die guten Spieler auch einmal die etwas schlechteren Spieler angespielt haben, sodass sie sich auch einmal auf die Matte fallen lassen konnten.

Was gefällt euch an diesem Spiel nicht?

- Nach einer gewissen Zeit sind es immer die gleichen Spieler, die sich den Ball abwechselnd zuwerfen.
- Ich finde es unfair, dass schwächere Spieler noch zu wenig Möglichkeiten bekommen, sich auch einmal auf die Matte fallen zu lassen.

Mit welcher von euch entwickelten Taktik hat es am besten geklappt?

- Bei uns hat es am besten geklappt, wenn wir einen oder zwei Spieler an die gegnerische Matte gestellt haben, die dann die Punkte erzielten.
- Der Ball muss ziemlich schnell zum Mitspieler gespielt werden, weil ja das Raufen bis zu einem gewissen Grad erlaubt ist.

Variationsmöglichkeiten

- Von den Mädchen kam der Wunsch, dass sie gegen die Jungen spielen wollen, um so die gegenseitigen Kräfte beim Raufen zu messen.

Anmerkungen zum Spielgeschehen nach der Beobachtung von außen

Es war schon vor dem Beginn auszumachen, dass die Kinder am meisten Spaß damit haben, wenn sie sich auf die Matte fallen lassen können und damit einen Punkt erzielen. In der ersten Spielphase wurden die drei Schritte von jedem Spieler laut angezählt. Allerdings war dies nach einer gewissen Zeit auch wieder vorbei. Ein Grund dafür war, dass ich ihnen noch einmal klar machte, dass sie auch nach dem ersten oder zweiten Schritt schon passen können. Wenn sie nicht laut mitzählen, sei dem Gegenspieler nicht genau klar, wann sie nun den Ball passen, wohingegen in der ersten Phase klar war, dass nach dem dritten Schritt erst gepasst wurde.

Anmerkungen vom Leser

6. Das Spiel mit den großen Gymnastikbällen

Spielidee	Man soll so lange wie nur möglich auf einem Bein hüpfen, ohne dabei den anderen Fuß gleichzeitig auf dem Boden abzusetzen.
Spielfläche	Mindestens die Größe eines der drei Volleyballteilfelder.
Spielmaterial	So viele Gymnastikbälle wie nur möglich sollen das Spiel beleben.
Spielregeln	Es werden zwei Abwerfer bestimmt, wobei jeder einen großen Gymnastikball erhält.
	Die Spieler innerhalb des Spielfelds müssen versuchen, so lange wie nur möglich, auf einem Bein zu hüpfen. Dabei ist es erlaubt, den in der Luft hängenden Fuß auf dem Standbein abzulegen, wobei man allerdings nicht den Boden berühren darf.
	Das hüpfende Bein darf in einem Spiel nicht gewechselt werden.

Mit den weichen Gymnastikbällen dürfen die Werfer nun die Spieler in der Mitte aus dem Gleichgewicht bringen, sodass sie für einen Moment mit beiden Füßen den Boden berühren. Wenn dies geschieht, scheidet dieser Spieler in der Feldmitte aus. Dieser Spieler braucht sich nicht auf die Bank zu setzen, denn er ist weiterhin aktiv. Er darf sich einen großen Gymnastikball nehmen und die restlichen Spieler in der Feldmitte mit aus dem Gleichgewicht bringen.

Sieger ist derjenige, der als Letzter in der Spielfeldmitte übrig bleibt.

Meinung der Kinder zu diesem Spiel

Was macht euch an diesem Spiel am meisten Spaß?

- Es macht Spaß, auf einem Bein ziemlich lange stehen zu bleiben, ohne beide Füße gleichzeitig auf dem Boden abzusetzen.
- Es ist toll, wenn man für einen gewissen Augenblick aus dem Gleichgewicht geworfen wird, und es dann doch wieder schafft, sein Gleichgewicht wiederzufinden.
- Mir hat es gefallen, dass ganz viele Gymnastikbälle, aus allen Richtungen kommend, auf einen zugeflogen sind.

Was gefällt euch an diesem Spiel nicht?

- Es war sehr anstrengend, auf einem Bein zu hüpfen. Gott sei dank, konnten wir den schwer werdenden Fuß auf dem anderen Fuß ablegen und uns einen kurzen Augenblick ausruhen.
- Es war gemein, dass alle versucht haben, mich so mit dem Gymnastikball zu treffen, dass ich ausscheiden musste, doch wahrscheinlich habe ich genau das Gleiche gemacht, als ich die Gymnastikbälle werfen durfte.

Mit welcher von euch entwickelten Taktik hat es am besten geklappt?

- Die Arme haben mir sehr geholfen, um im Gleichgewicht zu bleiben.
- Wenn ich nicht mehr hüpfen konnte, habe ich mich auf dem anderen Fuß ausgeruht. Dabei bin ich leicht in die Hocke gegangen.

- Als Werfer habe ich immer dahin geworfen, wo die meisten Kinder standen, um so die besten Möglichkeiten zu haben, einen Spieler aus dem Gleichgewicht zu bringen.

Variationsmöglichkeiten

- Vereinfacht kann man auch einfügen, dass das Sprungbein im Sprung gewechselt werden darf, allerdings dürfen auch dann nicht beide Füße gleichzeitig den Boden berühren.
- Hier ist es erlaubt, sich in der 2er-Gruppe gegenseitig zu stützen. Wenn einer dieser Spieler mit beiden Füßen den Boden berührt, dann verlassen beide das Feld und werden zu Werfern.

Anmerkungen zum Spielgeschehen nach der Beobachtung von außen

Bei diesem Spiel war es ganz deutlich zu spüren, dass nur die Kinder weit kamen, die der enormen Anstrengung ‚Stand' hielten, oder sich durch taktische Maßnahmen (Fuß auf dem anderen ablegen, leicht in die Hocke gehen usw.) zu helfen wussten. Schön war es auch in diesem Spiel, dass die Kinder, die den Boden mit beiden Füßen berührten, sich nicht auf die Bank setzen mussten und ausschieden, sondern weiterhin mitspielen und andere Spieler bewerfen durften.

Anmerkungen vom Leser

_____

_____

_____

_____

_____

_____

7. Rollball

Spielidee	Der Ball wird mit der Hand am Boden geführt. Das Ziel besteht darin, den Ball rollend im gegnerischen Hallentor unterzubringen.
Spielfläche	Das Spielfeld sollte mindestens ein Hallensegment betragen.
Spielmaterial	Ein Ball; zwei kleine Tore bzw. zwei große Kastenteile, die seitlich aufgestellt werden.
Spielregeln	Vor dem Beginn des Spiels wird die Zeitdauer (z.B. zehn Minuten) gemeinsam festgelegt.
	Eine der beiden Mannschaften hat Anstoß an der Mittellinie.
	Der Ball darf lediglich mit der Handfläche am Boden entlang geführt werden.
	Ein Punkt wird dann erzielt, wenn der Ball mit der

Hand geführt über die Torlinie bzw. durch die aufgestellten Kastenteile gerollt wird.

Sieger ist die Mannschaft, die nach Ablauf der Spielzeit die meisten Tore erzielt hat.

Meinung der Kinder zu diesem Spiel

Was macht euch an diesem Spiel am meisten Spaß?

- Es hat Spaß gemacht, Tore zu erzielen und Angriffe auf das eigene Tor abzuwehren.
- Ohne festen Torwart haben wir zu viele Tore bekommen. Besser war es dann, als ein Spieler als fester Schlussmann das Tor gehütet hat.
- Wenn man einen Spieler in der Mannschaft hat, mit dem man gut zusammenspielen kann, dann ist es sehr einfach, einen Angriff mit einem Tor abzuschließen.

Was gefällt euch an diesem Spiel nicht?

- Es war ein schwieriges Spiel, weil man gebückt spielen musste.
- Ich fand es nicht so toll, dass sich alle fast gleichzeitig auf den Ball gestürzt haben.
- Die andere Mannschaft war stärker als wir, deshalb haben wir nicht so viele Tore erzielen können.

Mit welcher von euch entwickelten Taktik hat es am besten geklappt?

- Wenn ich mir ein Dribbling zugetraut habe, haben wir die meisten Tore gemacht.
- Man muss sowohl die linke wie auch die rechte Hand nehmen, um den Gegenspieler besser zu täuschen.
- Ich habe mich etwas außerhalb des Spielgeschehens hingestellt und angeboten, weil ich so mehr Platz hatte, um dann auf das Tor zu zulaufen.

Variationsmöglichkeiten

- Tore können nur dann erzielt werden, wenn zuvor zwei (drei, vier usw.) Spieler der eigenen Mannschaft den Ball berührt haben.
- In Form von Gegenständen (Matten, Plastikhürden usw.) können zusätzliche Hindernisse aufgebaut werden. Damit engen sich die Räume für die Läufer ein.

Anmerkungen zum Spielgeschehen nach der Beobachtung von außen

Durch die gebückte Haltung hat es schon sehr stark an Hallenhockey erinnert. In allen Mannschaftssportarten gibt es ja immer bestimmte Spieler, die besonders auffallen und solche, die sich im Hintergrund halten. Dadurch, dass die meisten dieser Kinder noch kein räumliches Verständnis haben, sind die Spieler eher wild aufeinander zu und durcheinander gelaufen. Um einen Ball haben meistens viele Spieler gleichzeitig gekämpft, sodass kein ansehnliches Spiel entstand. Dieses Spiel braucht mit Sicherheit noch Übungszeit, bis es vielen Kindern aus der Gruppe Spaß macht.

Anmerkungen vom Leser

_____

_____

_____

_____

_____

_____

8. Brennball

Spielidee	Man muss so schnell wie möglich den nächsten Haltepunkt erreichen, bevor der Ball den Boden im Inneren des liegenden Rings berührt und man sozusagen ‚verbrennt'.
Spielfläche	Mindestens ein Hallensegment.
Spielmaterial	Stangen oder Stationen (Matten, Bänke, Kästen usw.) aufbauen, die als Haltepunkte zum Ausruhen und als Sicherheit vor dem Ausscheiden (Verbrennen) dienen sollen.
Spielregeln	Vor Beginn des Spiels wird eine Spieldauer und deren Zwischenzeit zum Wechseln gemeinsam bestimmt (z. B. die gesamte Spielzeit beträgt 20 Minuten, nach zehn Minuten wird das Spiel kurz unterbrochen und die Mannschaften wechseln ihre Positionen und Aufgaben).

Es werden zwei Gruppen gebildet. Die eine Gruppe befindet sich im inneren Feld. Dort verteilt sie sich, so gut es nur geht.

Eine Person wird an den Ring gestellt. Mit einem Fuß muss diese Person den Ring ständig berühren. Die andere Gruppe stellt sich außerhalb des Feldes in einer Reihe auf. Der Erste wirft nun den Ball so weit (so kurz), wie es nur geht, damit ihm genügend Zeit bleibt, um mindestens den ersten Haltepunkt zu erreichen.

Wenn der Ball vom Brenner im Ringinneren aufgeprellt wird und dieser „verbrannt" ruft, scheidet der Läufer aus, der sich zwischen zwei Haltepunkten befindet. Dieser Spieler muss sich am Ende seiner Gruppe anstellen.

Gelingt es ihm jedoch, einen der Haltepunkte rechtzeitig zu erreichen, bleibt er im Spiel. Danach wirft der zweite Spieler der Gruppe. Ist der Ball wieder im Spiel, darf der erste Läufer auch weiterlaufen (usw.).

Eine Umrundung des gesamten Feldes bringt einen Punkt.

Die Mannschaft, die am Ende die meisten Punkte hat, gewinnt das Spiel.

Meinung der Kinder zu diesem Spiel

Was macht euch an diesem Spiel am meisten Spaß?

- Mir hat das Ballwerfen am meisten Spaß gemacht.
- Je weiter ich bei einem Wurf gelaufen bin, umso glücklicher war ich. Besonders toll ist es, wenn man eine Runde schafft und seiner Mannschaft einen Punkt holt.
- Ich war in der anderen Gruppe und fand es toll, wenn ganz viele Spieler ‚verbrannt' sind, weil sie es nicht mehr bis zum nächsten Haltepunkt geschafft haben.

Was gefällt euch an diesem Spiel nicht?

- Ich fand den Gymnastikring, in den ich die Bälle werfen musste, zu klein.

- Manche Spieler haben geschummelt und sind nicht um den Haltepunkt herum, sondern quer über das Feld zum nächsten Haltepunkt gelaufen. Das fand ich sehr unsportlich.
- Ich fand es total blöd, dass zwei Spieler den Ball nach hinten geworfen haben. Dadurch war der Ball nur sehr schwer zu erreichen.
- Die Gruppe, die am Ring stand, hat viel zu lange diskutiert, ob nun jemand am Haltepunkt war oder noch nicht. Dadurch ist uns sehr viel Zeit verloren gegangen.

Mit welcher von euch entwickelten Taktik hat es am besten geklappt?

- Mal habe ich den Ball lang und das andere Mal kurz geworfen, dadurch war die andere Mannschaft sich nicht sicher, wohin ich den Ball werfe.
- Ich habe den Ball an eine Wand geworfen. So war der Flugweg des Balles nur sehr schwer auszurechnen.
- Derjenige, der am besten fangen kann, stand bei uns am Ring. Nur dadurch haben wir die schnellen Läufer der Gegner ‚verbrannt'.

Variationsmöglichkeiten

- Anstatt Brennball in Form von Handball zu spielen, könnte man den Schwerpunkt auch auf andere Sportarten setzen, wie z. B. Fußball. Hierbei erfolgt der Abstoß mit dem Fuß. Aber auch die Ballannahme und -mitnahme erfolgt mit Körperteilen, die beim Fußball erlaubt sind. Der Ball wird schließlich mit dem Fuß zum Brenner gepasst.

Anmerkungen zum Spielgeschehen nach der Beobachtung von außen

Die Spieler, die gut werfen können und schnell sind, haben in diesem Spiel die besten Karten. Es sind häufig die gleichen Spieler, die eher einschätzen können, ob ein Lauf zum nächsten Haltepunkt möglich ist oder nicht. Die Kinder waren so glücklich, wenn sie den nächsten Haltepunkt erreichten. In unserer Gruppe war es so, dass die Kinder, die nicht werfen konnten, zudem auch häufig langsam waren. Dadurch schafften es fast immer nur die gleichen Spieler, eine ganze Runde zu laufen. Euphorisch gefeiert wurde ein Spieler, wenn er für seine Mannschaft, durch einen Rundenlauf, einen Punkt holte.

Anmerkungen vom Leser

9. Völkerball

Spielidee	Die Spieler, die im Inneren des Felds (z. B. Volleyballfeld) stehen, müssen abgeworfen werden.
Spielfläche	Das Spielfeld sollte ein Hallensegment betragen.
Spielmaterial	Zu diesem Spiel benötigen wir einen Ball und eventuell eine Bank, die an der Mittellinie aufgestellt, und somit als Trennung beider Hälften dient.
Spielregeln	Zu Beginn werden zwei Mannschaften gebildet. Die eine Mannschaft geht in die linke Feldhälfte und die andere in die rechte Feldhälfte. Beide Mannschaften bestimmen einen Werfer, der alleine auf die gegenüberliegende Seite, außerhalb des Felds, wechselt. Dies ermöglicht den Mannschaften, dass sie den Ball mit dem Werfer hin und her werfen können. Wenn ein Spieler im Inneren des Felds abgeworfen wird, muss er zum Werfer auf die Außenfläche wech-

seln. Kann er den Ball jedoch festhalten, hat er die Möglichkeit, einen gegnerischen Spieler abzuwerfen.

Ein Spieler kann nur ins Feldinnere zurückkehren, wenn dieser Spieler einen gegnerischen Spieler in dessen Feldinneren abgeworfen hat.

Wenn sich nur noch ein Spieler im Feldinneren befindet und schließlich ebenfalls abgeworfen wird, geschieht Folgendes: Der Werfer, der noch zu Beginn bestimmt wurde und außerhalb des Felds steht, darf nun in das Feldinnere. Er hat ‚drei Leben'. Wurde er dreimal abgeworfen, hat die andere Mannschaft gewonnen.

Jedes Mal, wenn ein Spieler zum Werfer ins Feldinnere zurückkehrt, verlässt der Werfer das Feldinnere, bis schließlich sein Einsatz wieder gefragt ist. In der Zwischenzeit kann er von außen weitere Kinder aus der gegnerischen Gruppe abwerfen.

Meinung der Kinder zu diesem Spiel

Was macht euch an diesem Spiel am meisten Spaß?

- Die Gegner haben versucht, mich abzuwerfen, doch ich habe alle Bälle fangen können. Danach habe ich einige Kinder abgeworfen.
- Ich bin den Bällen immer geschickt ausgewichen, das hat mir sehr viel Spaß gemacht.
- Am besten fand ich es, wenn wir einen Spieler aus der anderen Gruppe abgeworfen haben und die Spieler in der gegnerischen Feldmitte immer weniger wurden.

Was gefällt euch an diesem Spiel nicht?

- Ich wurde sehr schnell abgeworfen, weil ich die Bälle nicht so gut fangen kann. Auch beim Ausweichen war ich viel zu langsam.
- Nachdem ich abgeworfen wurde, habe ich nur noch ganz selten den Ball bekommen. Es haben immer die gleichen Kinder den Ball geworfen, um bei Erfolg in die Feldmitte zurückzukehren.
- Wenn ich es endlich geschafft hatte, jemanden abzuwerfen und wieder in unser Feld zurück durfte, wurde ich meistens schon wieder direkt abgeworfen, das hat mir überhaupt nicht gefallen.

Mit welcher von euch entwickelten Taktik hat es am besten geklappt?

- Man muss den Ball immer im Auge behalten. Wenn dann jemand wirft, hat man so die besten Chancen, diesen Ball zu fangen.
- Manchmal habe ich mich hinter meinen eigenen Mitspielern versteckt. So konnte ich nur sehr schwer abgeworfen werden.
- Ziemlich zum Schluss haben wir versucht, die guten Spieler abzuwerfen. Um dies zu schaffen, haben wir uns quer gegenüber aufgestellt, sodass der gegnerische Spieler ständig in Bewegung sein musste, um nicht abgeworfen zu werden. Sobald er müde war, haben wir ihn dann auch erwischt.

Variationsmöglichkeiten

- Hierbei gibt es nun keinen Werfer, der ‚drei Leben' hat, sondern alle befinden sich in ihrer eigenen Spielfeldhälfte. Wird ein Spieler abgeworfen, muss er das Spielfeld verlassen. Schafft es ein Mitspieler dieses Spielers einen von der gegnerischen Mannschaft geworfenen Ball zu fangen, darf jeweils der am längsten draußen wartende Spieler das Spielfeld wieder betreten (Apfel).

Anmerkungen zum Spielgeschehen nach der Beobachtung von außen

Die schnellen und beweglichen Spieler waren die Hauptdarsteller in diesem Spiel. Sowohl im Feldinneren, (Flugeinlagen und sicheres Abfangen hart geworfener Bälle) wie auch im äußeren Bereich (harte, gezielte Würfe von außen, mit denen sie gegnerische Spieler abwarfen) wussten sie sich gut in Szene zu setzen. Es war leider traurig mit anzusehen, dass schwächere Spieler, die sich in der Außenfläche befanden, kaum Bälle zum Werfen bekamen, obwohl dies vielmals angesprochen wurde.

Anmerkungen vom Leser

_____

_____

_____

_____

Spiele, die wir Kinder gerne spielen

III.
Ringspiele

1. Ringtennis

Spielidee	Der Ring muss in der gegnerischen Hälfte den Boden berühren.
Spielfläche	Die drei eingezeichneten Felder des Volleyballfelds können als drei unterschiedliche Spielflächen genutzt werden. Die Schnur ist gespannt und hat eine Höhe von 1,80 m.
Spielmaterial	Ein langes Seil (Zauberschnur); zwei Hochsprungstangen; ein Gummiring pro Spielfeld.
Spielregeln	Zu Beginn wird eine Spieldauer gemeinsam ausgemacht (z. B. zehn Minuten). Danach werden die Spieler in sechs Gruppen eingeteilt. Die Mannschaftsstärke sollte zwischen zwei und vier Personen liegen. Die Mannschaften spielen 3 : 3 oder 4 : 4 gegeneinander.

Der Ring darf nur von unten nach oben geworfen werden

Es gibt einen Punkt, wenn:

- der Ring die gegnerische Hälfte berührt (für den Werfer).
- der Ring außerhalb des Spielfelds den Boden berührt (für die abwehrende Mannschaft).
- der Ring außerhalb des Spielfelds von der abwehrenden Mannschaft berührt wird und der Ring danach den Boden berührt (für die werfende Mannschaft).

Meinung der Kinder zu diesem Spiel

Was macht euch an diesem Spiel am meisten Spaß?

- Es war eine Herausforderung, den Ring zu fangen und wieder zurückzuwerfen.
- Es hat Spaß gemacht, wenn mit hohem Tempo der Ring von der einen Spielhälfte in die andere Spielhälfte gespielt und ein Punkt erst nach einer gewissen Zeit erzielt wurde.
- Ich fand es toll, dass der Ring auch innerhalb der Mannschaft weitergegeben wurde.

Was gefällt euch an diesem Spiel nicht?

- Der Ring war unheimlich schwer zu greifen.
- Wenn man nur die schlechten Fänger in seiner Mannschaft hat, macht das ganze Spiel keinen Spaß.
- Manchmal ist man sich innerhalb der eigenen Mannschaft in die Quere gekommen und hat sich dadurch gegenseitig beim Fangen behindert.

Mit welcher von euch entwickelten Taktik hat es am besten geklappt?

- Man muss sich innerhalb der Mannschaft beim Fangen unterstützen.
- Manchmal muss man einen Angriff schnell abschließen, wenn man in der gegnerischen Spielhälfte eine Lücke sieht.
- Gut ist es, wenn man sich beim Spielen abspricht. Beispielsweise haben wir dann gesagt: „Fang du ihn" oder: „Lass, ich hab ihn."

Variationsmöglichkeiten

- Das gleiche Spiel kann auch in einer niedrigeren Schwierigkeitsstufe mit einem Ball gespielt werden (siehe dazu das Spiel „Ball über die Schnur").

Anmerkungen zum Spielgeschehen nach der Beobachtung von außen

Anfänglich gab es bei einigen Kindern große Schwierigkeiten, den Ring zu fangen. Dadurch gelangte das Spiel in diesen Gruppen nur selten in einen Spielfluss. Sofort war der eine Spieler auf den anderen Spieler sauer, weil er nur sehr schlecht fangen kann. In einer kurzen Unterbrechung sprachen wir über das unsportliche Verhalten der guten Fänger. Im weiteren Verlauf wurden allgemeine Ideen ausgetauscht. Ebenso wurden die guten Fänger darum gebeten, gefangene Ringe auch einmal an schwächere Fänger abzugeben. In der darauf folgenden Spielphase klappte die Zusammenarbeit der einzelnen Teams viel besser. Nach einer gewissen Einspielphase wurde das Spiel immer schneller und spannender.

Anmerkungen vom Leser

_____

_____

_____

_____

_____

_____

2. Ringhockey

Spielidee	Der Ring, der mit einer Keule geführt wird, soll am Boden bleibend zum Torerfolg genutzt werden.
Spielfläche	Gespielt wird in einem Hallensegment.
Spielmaterial	Ein kleiner Gummiring; Zwei Bänke mit der Sitzfläche zum Spielfeld hin (auf der Seite liegend), positionieren.
Spielregeln	Zu Beginn wird eine Spieldauer gemeinsam mit den Spielern festgelegt (z. B. zehn Minuten). Danach werden zwei Mannschaften gewählt. Jede Mannschaft hat ihr eigenes Tor zu verteidigen und auf der gegnerischen Seite Tore zu erzielen. Jedes Tor zählt einen Punkt. Der Spieler, der mit seinem Stab am Ring ist, darf nicht gefoult werden. Der Spieler, der den Ring mit mehr Kraft dem anderen

Spieler abnimmt, hat sich einen regelgerechten Ballbesitz erkämpft.

Ein Tor ist dann erzielt, wenn der Ring die Bank an der gekippten Sitzfläche berührt.

Die Mannschaft, die zum Schluss in Führung liegt, hat das Spiel gewonnen.

Meinung der Kinder zu diesem Spiel

Was macht euch an diesem Spiel am meisten Spaß?

- Mir hat es viel Spaß gemacht, dass man bei diesem Spiel viel rennen musste und somit gefordert war.
- Ich fand es total gut, dass jeder einmal im Tor und einmal draußen war.
- Es war toll, dass das Tor so groß war.
- Je länger das Spiel dauerte, umso besser spielte man sich als Mannschaft ein.

Was gefällt euch an diesem Spiel nicht?

- Jeder hat mir, wenn ich in Ballbesitz war, seinen Stab in den Ring hineingesteckt, sodass ich Probleme hatte, den Ring zu führen.
- Manchmal waren alle an einem Platz, weil wir uns nicht in der Halle verteilt haben.
- Ich finde, das Spiel ist zu anstrengend, weil man so viel laufen muss.

Mit welcher von euch entwickelten Taktik hat es am besten geklappt?

- Man musste den Gegenspieler gut ablenken und täuschen.
- Mit einem guten Dribbling oder einem gescheiten Pass konnte man das Spiel für sich entscheiden.
- Die Mannschaft muss die vom Gegner geschossenen Ringe gut abwehren und auf der anderen Spielfeldseite den Ring im Tor unterbringen.

Variationsmöglichkeiten

- Tore können nur dann erzielt werden, wenn zuvor zwei (drei, vier usw.) Spieler der eigenen Mannschaft den Ball berührt haben.

Anmerkungen zum Spielgeschehen nach der Beobachtung von außen

Ich brauchte keine Torhüter zu bestimmen, da die Spieler die Torhüter aus dem Spielgeschehen heraus bestimmt und gewechselt haben. So kam es auch zu keinerlei Ärger vor dem Spiel, bei dem ein Torhüter von den anderen fest bestimmt wurde, der aber nicht wollte. Die Kinder haben sich zum großen Teil zu Beginn des Spiels nicht an die vorgegebenen Regeln gehalten. Obwohl zuvor deutlich gesagt wurde, dass der Ring lediglich durch kraftvolles Wegziehen mit dem eigenen Stab errungen werden darf, wurde stattdessen gestoßen und gepetzt. Dies führte natürlich zu lauten Diskussionen untereinander. In einer kurzen Unterbrechung wurden auch in diesem Spiel die Regeln erneut besprochen. Danach war die angestaute dicke Luft raus und es wurde ein wirklich gutes und abwechslungsreiches Spiel.

Anmerkungen vom Leser

_____

_____

_____

_____

_____

_____

3. Ringwurfspiel

Spielidee	Der Ring soll mit den Händen in das abgesteckte Tor geworfen werden, wobei die andere Mannschaft versucht, dies durch Abfangen des Rings nach einem Wurf zu verhindern.
Spielfläche	Gespielt wird mindestens in einem Hallensegment.
Spielmaterial	Ein kleiner Gummiring; vier Längsstangen; vier Seile, um die Zielfläche zwischen den jeweiligen Längsstangen zu kennzeichnen.
Spielregeln	Zu Beginn wird mit der Gruppe gemeinsam eine Spieldauer vereinbart (z. B. zehn Minuten). Es werden zwei Mannschaften gebildet. Es dürfen maximal drei Schritte mit dem Ring in der Hand gelaufen werden. Der Spieler, der am Ring ist, darf nicht gefoult werden (Körpereinsatz ist erwünscht).

Der Spieler, der den Ring im Flug dem anderen Spieler abnimmt, hat sich den Ring regelgerecht erkämpft.

Jede Mannschaft hat ihr eigenes Tor zu verteidigen, und auf der gegnerischen Seite Tore zu erzielen.

Ein Tor ist dann erzielt, wenn der Ring zwischen die beiden Seile hindurchgeworfen wird.

Jedes Tor zählt einen Punkt.

Die Mannschaft, die nach der zu Beginn vereinbarten Zeit in Führung liegt, hat das Spiel gewonnen.

Meinung der Kinder zu diesem Spiel

Was macht euch an diesem Spiel am meisten Spaß?

- Der schönste Augenblick im Spiel war der, wo ich ein Tor geworfen habe.
- Es hat Spaß gemacht, mit einen Ring genau zu zielen und schließlich zu werfen, um das Tor zu treffen.

Was gefällt euch an diesem Spiel nicht?

- Ich fand es nicht gut, dass mir die eigenen Mitspieler den Ring abnehmen wollten.
- Die Spieler, die gut waren, standen im Mittelpunkt, doch ich war nur ganz selten in Ringbesitz.
- Obwohl vorher gesagt wurde, dass man den Ring nur im Flug abfangen darf, wurde ich im Spiel, als ich den Ring in der Hand hielt, hart von der Seite angegangen.
- Es wäre besser gewesen, wenn man eine Wurfsperrzone gehabt hätte, weil es so zu einfach war, aus naher Distanz zu treffen.

Mit welcher von euch entwickelten Taktik hat es am besten geklappt?

- Am besten hat es geklappt, wenn eigene Mitspieler mitgelaufen sind, damit ich zu ihnen abspielen konnte.
- Damit ich keinen Ringverlust durch regelwidriges Überschreiten der vorgegebenen drei Schritte verursachte, gab ich den Ring häufig schon nach einem oder nach zwei Schritten an meine Mitspieler ab.

- Das Täuschen, um in Ringbesitz zu kommen, oder auch an einem Gegenspieler vorbeizulaufen, ist enorm wichtig.

Variationsmöglichkeiten

- Tore können nur dann erzielt werden, wenn zuvor zwei (drei, vier usw.) Spieler der eigenen Mannschaft den Ring berührt haben.
- Statt auf zwei könnte man das Spiel auch auf vier Tore spielen, wobei dann zwei Tore verteidigt und zwei zum Erzielen zur Verfügung stehen.

Anmerkungen zum Spielgeschehen nach der Beobachtung von außen

Auch in diesem Spiel wurde zu Beginn, genauso wie beim Raufball, die Anzahl der Schritte laut mitgezählt. Je intensiver die Kinder im Spielgeschehen waren, umso häufiger fiel dieses Anzählen weg. Selbstständig teilten die beiden Mannschaften offensive und defensive Spielpositionen ein. In diesem Spiel kamen mit Sicherheit die Erfolgserlebnisse der schwächeren Spieler zu kurz. Die dominant auftretenden guten Spieler waren teilweise im vorderen und hinteren Teil des Spielfelds zu sehen. Im anschließenden Gespräch stellte sich heraus, dass alle guten Spieler dieses Spiels im Verein eine Ballsportart betreiben.

Anmerkungen vom Leser

_____

_____

_____

_____

_____

_____

Spiele, die wir Kinder gerne spielen

IV.
Seilspiele

1. Teddybär, Teddybär

Spielidee	Jedes Kind soll es schaffen, das Lied, das gemeinsam gesungen wird, komplett durchzuhüpfen.
Spielfläche	Jede Dreiergruppe verteilt sich so in der Halle, dass jede Gruppe genügend Platz hat.
Spielmaterial	Jede Gruppe erhält ein langes Seil oder 3–4 aneinander geknotete kleine Seile.
Spielregeln	Zu Beginn wird mit den Kindern eine Spieldauer vereinbart (z. B. zehn Minuten).

Das Seil wird gedreht. Das Kind soll die Bewegung des Seils aufnehmen und in die Sprungzone hineinlaufen. Anfänger können in der Mitte stehen. Das Seil befindet sich auf einer Seite auf dem Boden liegend. Wenn das Kind bereit ist, wird das Seil geschwungen. Die anderen Kinder singen dazu gemeinsam das Teddybärlied (siehe Singtext S. 77). Das hüpfende Kind muss die Dinge im

Liedtext nachmachen (umdrehen, krumm machen, usw.).

Nach maximal zwei Versuchen soll sich das nächste Kind in die Bewegung des Seils einfühlen.

Wenn zwei Mitglieder dieser Dreiergruppe es zweimal geschafft haben, das Lied über eine längere Zeit durchzuhüpfen, sollte dem dritten Kind geholfen werden, sodass es sich verbessern kann.

Meinung der Kinder zu diesem Spiel

Was macht euch an diesem Spiel am meisten Spaß?

- Es hat total Spaß gemacht, dass man sich während des Liedes drehen und krumm machen musste.
- Ich fand es toll, dass wir gemeinsam gesungen haben.
- Dadurch, dass die anderen mir erklärt haben, wie ich springen muss, hat es dann auch bei mir geklappt.

Was gefällt euch an diesem Spiel nicht?

- Die anderen in der Gruppe waren nicht in der Lage, das Seil anständig zu schwingen. Das hat mich sehr geärgert.
- Mal haben die anderen schnell, mal langsam gedreht, sodass ich mich nicht auf ein Tempo einstellen konnte.
- Ich hatte ziemliche Probleme, mehrmals über das Seil zu springen. Darauf reagierten die anderen Kinder der Gruppe sehr genervt.

Mit welcher von euch entwickelten Taktik hat es am besten geklappt?

- Bei mir hat es so gut geklappt, weil ich es schon 1000 Mal mit meinen Freunden geübt habe.
- Man muss das Seil gleichmäßig schwingen, sodass ein Kind in einen Sprungrhythmus gelangt.
- Man darf ein Kind, das es nicht kann, nicht auslachen, sondern muss diesem Kind helfen, es auch über eine längere Zeit zu schaffen.

Variationsmöglichkeiten

- Anstatt mit einem Seil, wird nun mit zwei Seilen gleichzeitig geschwungen.

Anmerkungen zum Spielgeschehen nach der Beobachtung von außen

„Teddybär, Teddybär" ist ein Springspiel, das die Kinder auch sehr häufig in ihrer Freizeit spielen. Hierbei ist sicher das Entscheidende zu erwähnen: Nur Übung macht den Meister. Um sich beim Hüpfen sicher zu sein, muss man mit dem Seil bestimmte Situationen, die eintreten können, geübt haben, um gegebenenfalls darauf zu reagieren. Auffällig war, dass Kinder, die in keinen Sprungrhythmus gelangten, auch nur bedingt das Seil schwingen konnten. In unseren Stunden zeigte sich, dass es Sinn macht, einerseits die Guten und die Schlechteren in einer Gruppe zusammenspielen zu lassen. Hierbei können sich die Schlechteren den Bewegungsablauf abschauen und nacheifern. Andererseits sollte man aber auch die Guten und die Schlechteren jeweils unter sich spielen lassen, sodass die Guten den Spaß an diesem Spiel nicht verlieren und die Schwächeren unter sich genügend Zeit haben, um Verbesserungen im Springen, wie auch im Schwingen herbeizuführen.

Anmerkungen vom Leser

_____

_____

_____

_____

_____

Singtext:

Teddybär, Teddybär, dreh dich um,
Teddybär, Teddybär, macht dich krumm,
Teddybär, Teddybär, bau ein Haus,
Teddybär, Teddybär, geh nach Haus.

2. Verliebt, verlobt, verheiratet – geschieden

Spielidee	Jedes Kind soll so lange wie möglich hüpfen.
Spielfläche	Gespielt wird in einem Hallensegment.
Spielmaterial	Jede Dreiergruppe erhält ein langes Seil oder 3–4 aneinander geknotete kleine Seile.
Spielregeln	Zu Beginn wird mit den Kindern eine Spieldauer vereinbart (z. B. zehn Minuten). Drei Kinder finden sich zusammen. Sobald das Seil gedreht wird, läuft das erste Kind in das Seil hinein und beginnt zu hüpfen. Kinder, die Angst haben, in das Seil hineinzulaufen, stellen sich in die Mitte. Erst dann beginnt das Seil zu schwingen. Alle Kinder singen mit und zählen die Anzahl der Sprünge (Kinder) laut mit (siehe Singlied S. 80). Nach jedem Versuch wechseln sich die drei Kinder ab,

sodass jedes Kind gleich viel hüpfen und das Seil gleich viel schwingen kann.

Wenn genügend Zeit bleibt, können sich die alten Dreiergruppen auflösen und neue Mitspieler finden.

Meinung der Kinder zu diesem Spiel

Was macht euch an diesem Spiel am meisten Spaß?

- Es macht sehr viel Spaß, so viele Kinder wie möglich zu zählen.
- Je öfter man es geschafft hat zu hüpfen, umso lustiger wurde es.
- Es war toll, dass jedes Kind abwechselnd zum Zuge kam.
- Es war gut, dass wir im zweiten Durchlauf die Gruppen noch einmal gewechselt haben, sodass ich mich auch mit anderen Kindern vergleichen konnte.

Was gefällt euch an diesem Spiel nicht?

- In meiner Gruppe waren nur Anfänger, so hatte ich zu Beginn wenig Spaß.
- Die anderen Kinder waren nicht in der Lage, das Seil gleichmäßig schwingen zu lassen.

Mit welcher von euch entwickelten Taktik hat es am besten geklappt?

- Beim Schwingen hat uns ein gemeinsames Ansagen geholfen.
- Wenn das Seil den höchsten Punkt überschritten hat, muss man bereits mit dem Hochspringen beginnen.

Variationsmöglichkeiten

- Anstatt mit einem Seil, wird nun mit zwei Seilen gleichzeitig geschwungen.
- Für jedes Kind das man zählt, muss ein weiterer Spieler in den Hüpfmechanismus mit einsteigen. Hierbei ist man also auf fremde Hilfe angewiesen, um möglichst viele Kinder zu zählen.

Anmerkungen zum Spielgeschehen nach der Beobachtung von außen

Bei diesem Springspiel waren, sowohl die Jungen wie auch die Mädchen völlig euphorisch. Sie wollten alle so viele Kinder wie nur möglich für ihre Zukunft voraussagen. Je mehr Kinder sie ‚ersprangen‘ umso lustiger wurde es. Zwischenstände wurden unter den jeweiligen Gruppen ausgetauscht. Jeder wollte derjenige sein, der am meisten Sprünge hintereinander schaffte. Es wurde von mir kein einziges Mal beobachtet, dass Kinder, die das Seil zum Schwingen brachten, extra schneller oder langsamer wurden, um einem springenden Kind zu schaden. Dass dies nicht eintrat, war sehr erfreulich.

Anmerkungen vom Leser

Singlied

Verliebt, verlobt, verheiratet, geschieden,
wie viel Kinder willst du kriegen,
1, 2, 3, 4, 5, 6, ...

3. Das Pferdchenspiel

Spielidee	Jede Mannschaft soll die gegnerischen Schätze (Bälle) in den eigenen Schatzkammern unterbringen.
Spielfläche	Gespielt wird in einem Hallensegment.
Spielmaterial	Vier kleine Kästen; 20 Bälle (Basket-, Hand-, Fuß- Gymnastik-, Tennisbälle); Seile für jedes Reiterpaar (bei 24 Kindern braucht man 12 Seile).
Spielregeln	Zu Beginn wird mit der Gruppe eine Spieldauer vereinbart (z. B. zehn Minuten).
	Es werden Zweiergruppen gebildet. Sollte ein Kind übrig bleiben, dann schließt sich dieses Kind mit anderen zu einer Dreiergruppe zusammen.
	Jede Gruppe erhält ein Seil. Die Gruppen bestimmen für sich, wer das Pferd und wer der Reiter ist. Das Seil wird um den Bauch des Pferds herumgezogen.
	Nach dem Startpfiff darf sich der Reiter mit dem Pferd einen Ball aus der gegenüberliegenden Schatztruhe

nehmen. Hierbei darf lediglich der Reiter den Schatz (Ball) halten.

Die jeweils gegnerische Mannschaft darf nicht am Aufnehmen des Balles aus der Schatztruhe körperlich gehindert werden.

Das Pferd darf sich nicht vom Reiter lösen.

Um den Spielstand zu ermitteln, werden nach Ablauf der Spielzeit die Schätze vom Schiedsrichter (ein Spieler, der nicht mitmachen kann oder dem Spielleiter) gezählt und laut verkündet.

Meinung der Kinder zu diesem Spiel

Was macht euch an diesem Spiel am meisten Spaß?

- Man muss sich den Ball schnell nehmen und gemeinsam schnell zu seiner Schatzkammer laufen.
- Es war toll zu sehen, wie sich der Kasten gefüllt hat.
- Wenn ich gesehen habe, dass in der anderen Gruppe ein Ball neben den Kasten geworfen wurde, wusste ich, dass wir einen Vorsprung hatten.
- Es war toll, am Schluss beim Abzählen als Sieger dazustehen.

Was gefällt euch an diesem Spiel nicht?

- Andere haben versucht, statt nur dem erlaubten einen Ball, einen weiteren Ball versteckt zu transportieren. Das war unfair.
- Ich wurde daran gehindert, einen Ball in unsere Schatzkammer zu legen.

Mit welcher von euch entwickelten Taktik hat es am besten geklappt?

- Man muss schnell laufen, um sich einen Vorsprung herauszulaufen.
- Der Reiter und das Pferd müssen in die gleiche Richtung laufen, damit der schnellstmögliche Ablauf funktioniert.

Variationsmöglichkeiten

- Es gibt zwei Mannschaften, die gegeneinander antreten. Eine Mannschaft nennt sich das blaue, die andere das rote Team. Entsprechend der Teamfarbe erhält jede fünf dazugehörige Bälle. Die Mannschaft, die es schafft, als erstes die Bälle der gegnerischen Mannschaft in den eigenen Kasten zu legen hat das Spiel gewonnen.

Anmerkungen zum Spielgeschehen nach der Beobachtung von außen

Ein Spiel, bei dem die Spieler sicher in gewisser Weise gezwungen wurden (vom Reiter, vom Pferd oder auch vom Wettkampfdruck) alles geben zu müssen. Die langsameren Spieler wurden oftmals hinter dem Pferd hergezogen, doch alle haben bis zum Ende des Spiels durchgehalten und toll gekämpft. Alle Spieler, ausnahmslos, sagten in der anschließenden Besprechung, dass sie sehr viel Spaß an diesem Spiel hatten. Das Wort „Schatzkammer" ist sicher eine Art Schlüsselwort. Jeder Spieler konnte sich in zuvor gesehene Ritterspielfilme zurückversetzen.

Einige der Kinder haben versucht, gleichzeitig mehrere Bälle zu nehmen, um den Spielstand zu ihren Gunsten zu manipulieren. Doch die Kinder, bei denen ich als Spielleiter diese unfaire Handlung mitbekam, mussten den Ball, der nicht regelgerecht mitgenommen wurde, wieder in die gegnerische Schatzkammer legen. Dies kostete dieser Gruppe unheimlich viel Zeit. Diese Konsequenz sollte man vor Spielbeginn den Spielern deutlich machen.

Anmerkungen vom Leser

_____

_____

_____

_____

_____

_____

Spiele, die wir Kinder gerne spielen

V.
Kampfspiele –
Kraftspiele

1. Das Ritterduell

Spielidee	Im Duell jeder gegen jeden gewinnt derjenige, der auf einer 80–100 cm hohen Bank länger als sein Gegner stehen bleibt.
Spielfläche	Gespielt wird in einem Hallensegment.
Spielmaterial	Zwei große Kästen; eine große Bank; zwei große Weichböden; vier kleine Sicherheitsmatten.
Spielregeln	Zu Beginn wird eine Spieldauer mit den Spielern gemeinsam bestimmt (z. B. 30 Minuten). Beide Kontrahenten stehen sich gegenüber. Nach dem Startzeichen darf gestoßen und gezogen werden. Das Treten eines Gegenspielers ist nicht erlaubt. Ebenso darf nicht gepetzt und gebissen werden. Wer sich nicht an die Regeln hält, wird disqualifiziert. Wer länger auf der Bank stehen bleibt als sein Gegner, hat den Kampf gewonnen.

Wenn beide Spieler von der Bank fallen, hat derjenige gewonnen, der als Letzter beim Fallen die Matte berührt.

Wenn einige Zeit vergangen ist, werden die Regeln so erweitert, dass der Gewinner immer im Wettkampf verbleibt. Nach zehn erfolgreichen Kämpfen in Folge wird dieser Spieler zum ‚Großmeister‘ erklärt.

Meinung der Kinder zu diesem Spiel

Was macht euch an diesem Spiel am meisten Spaß?

- Es war super, wenn man viele Kämpfe gewonnen hat und im zweiten Durchlauf zum ‚Großmeister‘ ernannt wurde.
- Dadurch, dass überall Matten auslagen, hatte man überhaupt keine Angst, sich beim Herunterfallen wehzutun.
- Im Duell eins gegen eins konnte man seine Kraft den anderen Kindern zeigen und in direkten Vergleichen sehen, wer stärker ist.

Was gefällt euch an diesem Spiel nicht?

- Ich habe im gesamten Spielverlauf nur ein einziges Mal gewonnen. Die Gegner waren fast alle stärker als ich.
- Es war unfair, wenn man am Hals oder am Kopf genommen wurde.
- Ich fand es blöd, dass sich bestimmte Kinder immer wieder in den beiden Reihen vorgedrängelt haben und ich dadurch seltener zum Kämpfen kam.

Mit welcher von euch entwickelten Taktik hat es am besten geklappt?

- Ich habe versucht, den Gegner am Rücken zu packen, damit er sich nicht mehr wehren konnte.
- Damit ich einen sicheren Halt hatte, habe ich mein Gewicht nach vorne verlagert.
- Ich habe versucht, den Gegner zu packen und ihm ein Bein zu stellen. Manchmal hat es geklappt, doch einige Male bin ich mit ihm heruntergefallen.

Variationsmöglichkeiten

- Wenn sich die beiden Spieler in der Bankmitte befinden, dürfen die Spieler von außen diese mit werfenden Bällen aus dem Gleichgewicht bringen, sodass sie auf die weiche Matte fallen. Sieger ist der Spieler, der als letztes auf der Bank steht.

Anmerkungen zum Spielgeschehen nach der Beobachtung von außen

Ein Spiel, das allein schon durch seinen Aufbau fasziniert. Die etwas unsicheren Spieler habe ich auf deren Wunsch an der Hand gehalten, um ihnen die Angst vor der für sie empfindlichen Höhe zu nehmen. Auch das Herunterfallen auf die Weichmatten ist diesen Kindern dadurch leichter gefallen. Im Laufe des Spiels haben sich auch diese Kinder getraut, alleine auf der schmalen Bank zu balancieren und gegen andere zu kämpfen. Alle Kinder haben festgestellt, dass das Fallen auf die Weichmatten, aus der von uns vorgegebenen Höhe, überhaupt nicht wehtut. Es war unheimlich schwer, dieses Spiel auf Grund der großen Euphorie zu beenden.

Anmerkungen vom Leser

2. Der Stockdrückkampf

Spielidee	Hierbei muss der Gegner mit einem Stab aus dem Kampfring gedrückt oder gezogen werden. Beide Kinder halten diesen mit ihren Händen fest.
Spielfläche	Gespielt wird in einem Hallensegment. Der Mittelkreis und die beiden Kreise im Basketballfeld (siehe Freiwurf) werden als Markierungen genutzt.
Spielmaterial	Drei Stäbe für die drei Kampfzonen. Sollten weitere Zonen gestaltet werden, bieten sich Klebestreifen oder notfalls auch das Auslegen von Seilen zu einem Kreis an.
Spielregeln	Zu Beginn des Spiels wird eine Spielzeit gemeinsam vereinbart (z. B. zehn Minuten). Die Gruppe teilt sich in etwa drei gleich große Gruppen auf die Kampfzonen auf. Jeder kämpft gegen jeden.

Die beiden Gegner fassen den Stock mit beiden Händen.

Auf Kommando eines von der Gruppe bestimmten Schiedsrichters darf mit dem Drücken und Ziehen des Stabs begonnen werden.

Dabei soll der Stab immer waagerecht zwischen den Gegnern bleiben.

Wenn der eine Spieler aus dem Feld gedrückt oder gezogen wird, hat der andere Spieler das Spiel gewonnen.

Meinung der Kinder zu diesem Spiel

Was macht euch an diesem Spiel am meisten Spaß?

- Wenn ich den Gegner über die Linie drücke, bin ich der Sieger, und das war auch mein Ziel vor jedem Kampf.
- Dadurch, dass ich etwas kräftiger bin, konnte ich in diesem Spiel gegen alle gewinnen, denn keiner hatte genug Kraft, um mich aus dem Ring zu stoßen.
- Ich fand es toll, wenn ich es geschafft habe, den Gegner aus dem Gleichgewicht zu bringen.

Was gefällt euch an diesem Spiel nicht?

- Mir hat es nicht gefallen, wenn mein Gegner mit voller Kraft gezogen hat. Das ruckartige Ziehen fand ich blöd.
- Ich fand es unfair, wenn sich Kinder kurz bevor sie aus dem Ring gedrückt wurden, auf den Boden fallen ließen.
- Ich habe gegen Kinder gespielt, die den Stab, wenn ich gezogen habe, einfach losließen. Das war nicht fair.

Mit welcher von euch entwickelten Technik hat es am besten geklappt?

- Man muss einerseits nach vorne, andererseits nach hinten gelehnt sein, um dem Drücken oder dem Ziehen des Gegners entgegenzuwirken bzw. um selbst Angriffe erfolgreich einzuleiten und abzuschließen.
- Ich habe mir in Vorkämpfen die Gegner gegen andere Spieler genau angeschaut und deren Schwächen in unserem Kampf ausgenutzt.
- Man muss auf die Aktionen des Gegners gut kontern können.

Variationsmöglichkeiten

- Den Stockkampf kann man ebenso mit zwei gegeneinander drückenden Stöcken durchführen. Hierbei muss von den Spielern jedoch ein gewisses Verantwortungsbewusstsein vorausgesetzt werden, da die Stöcke schnell voneinander abrutschen können.

Anmerkungen zum Spielgeschehen nach der Beobachtung von außen

Das Gewicht und die Kraft eines Spielers war in diesem Spiel sehr entscheidend. Wie Felsen standen die etwas kräftigeren Jungen und Mädchen den übrigen Kindern im Kreis gegenüber. Die schmalen Kinder hatten einfach zu wenig Kraft, um dem Körpergewicht des Gegners etwas entgegenzusetzen. Selbstständig arrangierten die Kinder Kämpfe, in denen der etwas kräftigere Spieler gegen zwei schmälere Spieler antrat, um somit die Grenze der Kraft der Kräftigen zu ermitteln. Bei einem kräftigeren Kind waren drei schmale Kinder notwendig, um diesen zu besiegen. Streitigkeiten in den Gruppen kamen auf, wenn Spieler aus Angst einen Kampf zu verlieren, den Stab über den Kopf genommen haben oder den Stab einfach losließen.

Anmerkungen vom Leser

_____

_____

_____

_____

_____

_____

3. Füßetreten nach Punkten

Spielidee	Hierbei versucht man, den Fuß des Gegners in einer bestimmten Zeit so oft wie nur möglich zu treffen.
Spielfläche	Gespielt wird in einem Hallensegment. Der Mittelkreis und die beiden Kreise im Basketballfeld (siehe Freiwurf) werden als Markierungen genutzt.
Spielmaterial	Hierfür benötigt man keinerlei Material, es sei denn, man möchte mehr Kampfzonen anbieten (Klebeband, Seile usw.).
Spielregeln	Zu Beginn wird mit den Spielern gemeinsam eine Zeitdauer vereinbart (z. B. zehn Minuten). Die Gruppe teilt sich in gleich große Gruppen auf die Kampfzonen auf. Jeder kämpft gegen jeden. Auf Kommando eines von der Gruppe bestimmten Schiedsrichters darf mit dem „auf die Füße treten" begonnen werden.

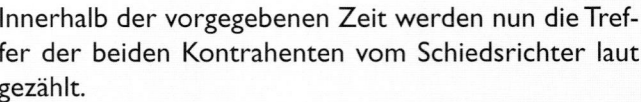

Innerhalb der vorgegebenen Zeit werden nun die Treffer der beiden Kontrahenten vom Schiedsrichter laut gezählt.

Das Ende der Spielzeit wird vom Schiedsrichter durch einen Stoppruf beendet.

Nachdem jeder gegen jeden gepunktet hat und einer der Kämpfer zu übermächtig war, können zwei Kämpfer gegen diesen Spieler antreten, um so auch diesen Spieler zum Schwitzen zu bringen.

Meinung der Kinder zu diesem Spiel

Was macht euch an diesem Spiel am meisten Spaß?

- Ich finde es toll, so viele Punkte wie möglich zu sammeln und am Schluss der Sieger zu sein.
- Es macht Spaß, dem anderen auf den Fuß zu treten. Dabei muss man sehr schnell reagieren können, um den Angriffen des Gegners auszuweichen und eigene Angriffe zu starten.
- Ich fand es toll, wenn man durch schnelle Tritte Punkte erzielt, sodass der Gegner keine Zeit mehr hat, den Fuß wegzuziehen.

Was gefällt euch an diesem Spiel nicht?

- Durch die Tritte der anderen tut mir der Fuß nun weh.
- Ich habe eindeutig getroffen, doch der Gegner und Schiedsrichter haben mich benachteiligt und keinen dieser Treffer anerkannt.
- Ich habe bei diesem Spiel die ganze Zeit nur verloren.

Mit welcher von euch entwickelten Taktik hat es am besten geklappt?

- Man musste den Gegenspieler gut ablenken und täuschen.
- Wenn man schnelle Aktionen startet, hat der Gegner keine Chance.
- Du kannst bestimmte Angriffsformen ausprobieren. Wenn du weißt, auf welche der Gegner reinfällt, wendest du nur noch diese an.

Variationsmöglichkeiten

• Anstatt Duelle eins gegen eins auszutragen, können nun Zweier- oder Dreiergruppen gegeneinander antreten. Die Gruppe, die zuerst zehn Punkte erreicht hat, ist Sieger.

Anmerkungen zum Spielgeschehen nach der Beobachtung von außen

In diesem Spiel ist besonders die Schnelligkeit und die Gewandtheit der Spieler gefragt. Der Spieler muss den Fuß rechtzeitig wegziehen und schon im Gegenzug seinen Fuß schnell platzieren können, um Punkte gekonnt zu erzielen. Innerhalb der verschiedenen Kämpfe entwickelten sich „Katz- und Mausspiele". Bei diesem Spiel war deutlich an der Auftretensweise der Spieler zu erkennen, wer eher aktiv und wer eher abwartend taktiert, um Punkte im Kampf zu erzielen. Einige Kinder waren in ihrer Bewegung sehr langsam und hatten deshalb nur bedingt Chancen, Punkte zu erzielen. In der zweiten Spielphase konnten sich die Gruppen neu formieren. In dieser Phase schlossen sich die Gruppen der Starken und die Gruppen der Schwächeren zusammen. Dies war insofern sinnvoll, denn so konnten auch die Schwächeren Erfolgserlebnisse feiern und die Starken sich mit gleich starken Spielern messen.

Anmerkungen vom Leser

_____

_____

_____

_____

_____

_____

4. Tauziehen

Spielidee	Hierbei versuchen die vier Mannschaften, das markierte Taumittelstück über die vorher bestimmte Ziellinie zu ziehen.
Spielfläche	Gespielt wird in einem Hallensegment. Die vier Mannschaften ziehen nebeneinander. Gestartet wird dann, wenn sich die Markierung genau auf der Höhe der Mittellinie befindet.
Spielmaterial	Zwei Taue; Stift; ein großes Plakat für die Punkteverteilung.
Spielregeln	Es werden vier Mannschaften gewählt (Gruppe A, B, C und D). Zuerst zieht die Gruppe A gegen die Gruppe B an Seil 1 und gleichzeitig Gruppe C gegen Gruppe D an Seil 2. Jede Mannschaft zieht nacheinander gegen alle drei Gegengruppen.

Jeder Sieg bringt einen Punkt. Die Mannschaft, die nach zwei Durchläufen die meisten Punkte hat, hat das Tauziehturnier gewonnen.

Meinung der Kinder zu diesem Spiel

Was macht euch an diesem Spiel am meisten Spaß?

• Ich fand es toll, dass wir gemeinsam in der Gruppe ziehen mussten, weil es somit keinen Einzelnen, sondern nur eine Gruppe gab, die gewonnen oder verloren hat.
• Dieses Spiel hat die Kraft einer gesamten Gruppe gegen eine andere aufgezeigt.
• Es war ganz toll, in der Gewinnermannschaft zu sein. Keine Mannschaft konnte uns besiegen.

Was gefällt euch an diesem Spiel nicht?

• Da ich keine Turnschuhe dabei hatte, wollte ich mit Strümpfen ziehen, dabei bin ich die ganze Zeit ausgerutscht. Nachdem ich meine Strümpfe ausgezogen habe, hatte ich wieder einen festen Halt.
• Wir haben sechs Mal verloren, dadurch hat mir dieses Spiel überhaupt keinen Spaß gemacht.

Mit welcher von euch entwickelten Taktik hat es am besten geklappt?

• Wir haben uns nach hinten gelehnt. Dadurch haben wir mehr Kraft als die anderen Mannschaften gehabt.
• In unserer Mannschaft haben wir immer im gleichen Rhythmus „ziehen" gerufen, sodass dann alle gleichzeitig ziehen konnten.
• Man muss auch noch dann weitermachen, wenn man fast verloren hat. Obwohl wir kurz vor einer Niederlage standen, konnten wir das Ziehen gegen eine gute Mannschaft noch gewinnen.

Variationsmöglichkeiten

• Von den Mädchen kam der Wunsch, dass sie gegen die Jungen spielen wollen, um so die gegenseitigen Kräfte beim Tauziehen zu messen.

- Ebenso könnte man zwei starke Spieler gegen andere Spieler ziehen lassen. Langsam findet man dabei heraus, welche z. B. drei oder vier anderen Spieler, genauso viel Kraft haben.

Anmerkungen zum Spielgeschehen nach der Beobachtung von außen

Auf das Spiel „Tauziehen" haben sich die Kinder schon seit Wochen gefreut. Hierbei gewinnt oder verliert man in einer Gruppe. Bei den Gewinnergruppen war alles in Ordnung, doch bei den Gruppen, die häufig verloren haben, wurden die Schuldigen (die Schwachen) gleich verbal attackiert. Auch, dass ein Mädchen vorerst ihre Strümpfe nicht ausziehen wollte, wurde heftig kritisiert, bis sie sich schließlich der Mehrheit der Gruppe beugte. Eine der anderen Gruppen, die die ersten beiden Ziehwettkämpfe verloren hat, verteilte in einer kleinen Pause die Positionen am Seil neu. In den restlichen vier Wettkämpfen konnte diese Gruppe, wahrscheinlich auf Grund dieser Entscheidung, noch dreimal gewinnen.

Anmerkungen vom Leser

_____

_____

_____

_____

_____

_____

5. Schiebekampf (Rücken an Rücken)

Spielidee	Rücken an Rücken versucht man, den Gegner aus dem Kreis zu schieben oder zu drücken.
Spielfläche	Gespielt wird in einem Hallensegment. Der Mittelkreis und die beiden Kreise im Basketballfeld (siehe Freiwurf) werden als Markierungen genutzt.
Spielmaterial	Hierfür benötigt man keinerlei Material, es sei denn, man möchte mehr Kampfzonen anbieten.
Spielregeln	Zu Beginn wird eine feste Zeitdauer gemeinsam mit der Gruppe vereinbart (z. B. zehn Minuten). Alle Kinder teilen sich unter den drei (oder mehr) zur Verfügung stehenden Kampfringen auf. Jeder schiebt gegen jeden. Zwei Kontrahenten setzen sich auf den Boden, Rücken an Rücken. Keiner der beiden Kontrahenten darf sich aufrecht auf die Füße stellen.

Das ruckartige Drehen des Oberkörpers zur Seite ist nicht erlaubt.

Auf Kommando des vorher bestimmten Schiedsrichters wird der Kampf gestartet.

Derjenige, der mit einem Körperteil den Ring verlässt, auch wenn es nur für einen kurzen Moment geschieht, hat das Duell verloren.

Wenn genügend Zeit vorhanden ist, können sich im zweiten Durchlauf die Gruppen neu formieren.

Meinung der Kinder zu diesem Spiel

Was macht euch an diesem Spiel am meisten Spaß?

- Ich habe mich sehr gut gefühlt, nachdem ich jeweils gegen meine Gegner gewonnen habe.
- Es war toll, die Gegner aus dem Kreis zu drücken.
- Es hat Spaß gemacht, sich immer wieder auf einen anderen Gegner einzustellen. Besonders im zweiten Durchlauf, als ich in der Gruppe antrat, in der alle starken Spieler waren.

Was gefällt euch an diesem Spiel nicht?

- Mir hat es nicht gefallen, wenn bestimmte Kinder aufgestanden sind und von oben gedrückt haben.
- Ich fand es langweilig, dass sich einer bei uns in der Gruppe, kurz bevor er verloren hat, immer ruckartig zur Seite gedreht hat.

Mit welcher von euch entwickelten Taktik hat es am besten geklappt?

- Bei mir hat es am besten geklappt, indem ich den Gegner stückweise dem Kreisrand näher gebracht habe.
- Bei mir war es genau umgekehrt. Ich habe mit schnellen Drückbewegungen meine Gegner aus dem Kreis gestoßen.
- Am meisten Kraft hatte ich, wenn ich den Gegner von unten gedrückt habe.

Variationsmöglichkeiten

- Ein Hütchenviereck wird aufgebaut. Vier Spieler drücken nun gegeneinander. Die Vierergruppe muss durch Drücken den schwächsten Spieler ermitteln und diesen über seine Hütchenlinie drücken. Die drei Spieler verfahren genauso. Wenn zum Schluss nur noch ein Spieler übrig bleibt, gewinnt dieser das Viererturnier.

Anmerkungen zum Spielgeschehen nach der Beobachtung von außen

Schon zu Beginn konnte ich feststellen, dass sich die stärkeren Spieler und die schwächeren Spieler gut gelaunt in homogenere Gruppen aufteilten, als dies noch beim Spiel „Füßetreten nach Punkten" der Fall war. Doch nach Ablauf der ersten Spielphase bekamen sie erneut die Möglichkeit, sich neu zusammenzufinden. Die etwas stämmigeren Spieler hatten auch in diesem Spiel wieder die Nasenspitze vorne. Dadurch, dass diese Spieler ihr Körpergewicht voll einsetzen, haben diese im direkten Vergleich gegen schmächtigere Spieler eindeutige Vorteile. Kein Kind hat sich, entgegen meinen Befürchtungen, nach dieser Stunde oder am darauf folgenden Tag, über Rückenschmerzen beschwert. Es war unheimlich spannend mit anzusehen, ob nun der Spieler, der stark in Bedrängnis war, ein Körperteil aus dem Kreis setzte oder nicht. Fast schon verloren geglaubte Auseinandersetzungen wurden auf Grund des Durchhaltevermögens doch noch gewonnen.

Anmerkungen vom Leser

_____

_____

_____

_____

_____

_____

6. Hahnenkampf

Spielidee	Mit den Armen verschränkt und auf einem Bein hüpfend soll der Gegner aus dem Kampfring gestoßen oder gedrückt werden.
Spielfläche	Gespielt wird in einem Hallensegment. Der Mittelkreis und die beiden Kreise im Basketballfeld (siehe Freiwurfzone) können als Markierungen genutzt werden.
Spielmaterial	Hierfür benötigt man keinerlei Material, es sei denn, man möchte mehr Kampfzonen anbieten.
Spielregeln	Zu Beginn wird mit allen Kindern gemeinsam eine Spieldauer vereinbart (z. B. zehn Minuten). Alle Kinder teilen sich auf die drei (oder mehr) Kampfringe auf. Jeder schiebt gegen jeden. Zwei Kontrahenten stehen sich im Kreis mit verschränkten Armen und auf einem Bein hüpfend gegenüber.

Leichtes Stoßen ist erlaubt, starkes Stoßen ist nicht erlaubt. Die Kontrahenten sollen sich aneinander lehnen und mit ihrer ganzen Kraft gegeneinanderdrücken.

Das ruckartige Drehen des Oberkörpers ist hierbei erlaubt.

Auf Kommando des vorher bestimmten Schiedsrichters wird der Kampf gestartet.

Derjenige, der mit einem Körperteil den Ring als Erster verlässt, auch wenn dies nur für einen Moment der Fall ist, hat das Duell verloren.

Wenn genügend Zeit vorhanden ist, können sich im zweiten Durchlauf die Gruppen neu formieren.

Meinung der Kinder zu diesem Spiel

Was macht euch an diesem Spiel am meisten Spaß?

- Ich fand es zwar anstrengend, aber auch gut, dass wir nur auf einem Bein stehen und hüpfen durften.
- Besonderen Spaß hat es gemacht, den Gegner aus dem Kreis zu schubsen oder zu drücken und als Sieger den Kampf zu beenden.
- Ich habe mich darüber gefreut, dass wir noch einen zweiten Durchgang gemacht haben, in dem ich dann noch einmal gegen andere Kinder kämpfen konnte.

Was gefällt euch an diesem Spiel nicht?

- Mir hat es keinen Spaß gemacht, andauernd aus dem Kreis befördert zu werden.
- Es war viel zu schwer, das Gleichgewicht zu halten.
- Manche haben viel zu feste gestoßen und dabei anderen an den Schultern wehgetan.

Mit welcher von euch entwickelten Taktik hat es am besten geklappt?

- Man muss viel üben, um besser zu werden.
- Ich bin den Angriffen des Gegners ausgewichen. Dadurch sind viele durch ihre eigene Schuld aus dem Kreis geflogen.

- Wenn ich einmal losgelegt habe, konnte ich keine Ruhe geben, bis ich das andere Kind aus dem Kreis gedrückt oder gestoßen hatte.

Variationsmöglichkeiten

- Nun treten nicht nur zwei gegeneinander an, sondern jeder gegen jeden. Der Spieler, der als letzter Spieler noch im Kreis verbleibt, gewinnt das Spiel.

Anmerkungen zum Spielgeschehen nach der Beobachtung von außen

Im Grunde ist dieses Spiel genauso angelegt, wie die bisher durchgeführten Spiele, die in einem Kreis stattgefunden haben. Das Besondere an diesem Spiel ist, dass man den Gegner durch schnelles Wegspringen täuschen kann und dieser ungewollt an einem vorbei ins Leere springt. Man muss in diesem Spiel auf die angreifenden Aktionen der Gegner situationsbezogen reagieren. Eigene Angriffe müssen durch Täuschungsmanöver gut vorbereitet und schließlich abgeschlossen werden. In diesem Spiel war es natürlich auch so, dass die kräftigeren Spieler die Favoriten waren, allerdings verloren sie durch technische Varianten der schmächtigeren Spieler auch Kämpfe.

Anmerkungen vom Leser

7. Mattenkampf

Spielidee	Im Kampf eins gegen eins sollen sich die Kinder so lange wie nur möglich durch Ringeinlagen auf der großen Matte behaupten.
Spielfläche	Gespielt wird in einem Hallensegment.
Spielmaterial	Zwei (oder drei) große Weichböden; 12 (oder 18) kleine Sicherheitsmatten, wobei jeweils sechs kleine Sicherheitsmatten um die jeweilige große Weichmatte gelegt werden. Ebenso können Mitspieler die kleinen Matten durch ihre mithilfe ersetzen.
Spielregeln	Zu Beginn des Spiels wird mit den Spielern eine Spieldauer vereinbart (z. B. zehn Minuten). Danach werden zwei Gruppen gebildet. An jeder großen Weichmatte wird ein Schiedsrichter bestimmt, der im Moderatorenstil die Kämpfe kommentiert.

Der Schiedsrichter gibt das Startkommando und bestimmt auch, wer das Spiel gewonnen oder verloren hat.

Derjenige, der zuerst ein Körperteil auf die kleinen Sicherheitsmatten (bzw. auf dem Boden) absetzt, hat den Kampf verloren.

Es sollte genügend Zeit vorhanden sein, damit sich Gruppen im zweiten Durchlauf neu formieren können.

Meinung der Kinder zu diesem Spiel

Was macht euch an diesem Spiel am meisten Spaß?

- Es hat Spaß gemacht, die Kinder so oft wie nur möglich von der Matte zu befördern und ‚Mattenkönig‘ zu werden.
- Das war ein Spiel, bei dem man beweisen konnte, wie viel Kraft man hat.
- Ich fand es super, dass der Schiedsrichter das Spiel kommentierte.

Was gefällt euch an diesem Spiel nicht?

- Durch dumme Fehler habe ich einige Kämpfe verloren. Das hat mich geärgert.
- Es waren immer die Gleichen, die die Kämpfe gewonnen haben.
- Ich finde, dass dieses Spiel sehr anstrengend ist, weil man sich viel bewegen muss.
- Obwohl ich nur aus Versehen die Hand neben die Weichbodenmatten legte, habe ich den einen Kampf verloren.

Mit welcher von euch entwickelten Taktik hat es am besten geklappt?

- Man muss das Gewicht nach vorne verlagern, um mit viel Kraft dem Gegner entgegenzuwirken.
- Ich habe dauernd meinen Oberkörper bewegt. Dadurch war ich in meinen Angriffen sehr erfolgreich.
- Man muss gut täuschen, um gewinnbringende Konter zu starten.
- Man muss mit viel Kraft und schnellen Bewegungen die Kämpfe gewinnen.

Variationsmöglichkeiten

- Anstatt der Spieleranzahl eins gegen eins, sind nun viele verschiedene höhere Anzahlvariationen (2:2; 3:3 usw.), ebenso wie Unter- oder Überzahlkämpfe möglich.
- Alle Spieler legen sich auf die Matte. Zwei zuvor bestimmte ‚Krähne' (Spieler) versuchen jeden einzelnen Spieler von der Matte zu heben. Der Spieler, der als letztes auf der Matte verbleibt, gewinnt das Spiel.

Anmerkungen zum Spielgeschehen nach der Beobachtung von außen

Auf dieses Spiel haben sich die Spieler schon seit einiger Zeit riesig gefreut. Das Kräftemessen durch spektakuläre Ringeinlagen auf weichen Matten stand schon bei der Auswahl der Spiele bei den Kindern ganz hoch im Kurs. Die Kämpfer auf den Matten wurden von umstehenden Kindern euphorisch angefeuert. Siege wurden mit den jeweiligen Anhängern gefeiert. Kinder, die gerade keine Kämpfe bestritten, sicherten die kämpfenden Ringer ab. Der ‚Ringkommentator', der ganz zufällig aus dem Geschehen heraus entstand, belebte die Aktionen in der Halle. Teilweise kam man sich wie bei einer Live-Berichterstattung vor. Diese zusätzliche Aktion forderte von den Aktiven vollen Einsatz.

Anmerkungen vom Leser

_____

_____

_____

_____

_____

_____

8. Karottenziehen

Spielidee	Die Kinder müssen sich im Kreis liegend einander festhalten, sodass der Karottenzieher es schwer hat, einzelne Karotten (Kinder) herauszuziehen.
Spielfläche	Gespielt wird in einem Hallensegment.
Spielmaterial	Keine Materialien erforderlich!
Spielregeln	Zu Beginn wird mit den Spielern festgelegt, dass dieses Spiel beispielsweise maximal dreimal gespielt wird.

Nachdem ein Karottenzieher zu Beginn des Spiels bestimmt wurde, legen sich alle übrigen Spieler mit dem Bauch auf den Boden zu einem Kreis zusammen. Dort halten sich alle Kinder ganz fest.

Der Karottenzieher läuft nun im Kreis um die Gruppe. Dabei wählt er sich ein Kind aus und versucht, es aus dem Kreis durch kräftiges Ziehen und Zerren zu lösen. Gelingt es dem Spieler, hilft das herausgezogene Kind dem Karottenzieher beim weiteren Herausziehen.

Die beiden Kinder, die am Schluss nicht aus der Kette gelöst werden konnten, haben das Spiel gewonnen.
Danach wird ein neuer Karottenzieher bestimmt und das Spiel beginnt von vorne.
Es ist verboten, einem Kind an der Hose zu ziehen oder an den Füßen zu kitzeln.

Meinung der Kinder zu diesem Spiel

Was macht euch an diesem Spiel am meisten Spaß?

- Ich fand es toll, wie gut die gesamte Gruppe zusammengehalten hat. Wenn einer fast herausgezogen wurde, hat sich ein zweiter vom großen Kreis gelöst, sodass dann ein kleiner neuer Kreis gebildet wurde.
- Es hat Spaß gemacht, die anderen Kinder der Kette um jeden Preis so festzuhalten, wie nur möglich, sodass uns der „Karottenzieher" nicht lösen konnte.
- Bei dem Spiel wurde sehr viel gelacht, das fand ich schön.

Was gefällt euch an diesem Spiel nicht?

- Es war nicht so toll, als ich aus dem Kreis gelöst wurde, doch das gehört ja mit zum Spiel.
- Ich habe mir am Unterarm und am Oberschenkel kleine Verbrennungen zugezogen, weil mich der „Karottenzieher" und seine Helfer über den Hallenboden geschleift haben.
- Beim Festhalten hat mir meine Freundin mit ihren Fingernägeln den Arm verkratzt. Das tut jetzt noch weh.

Mit welcher von euch entwickelten Taktik hat es am besten geklappt?

- Als „Karottenzieher" muss man sich zuerst die Kinder aus der Gruppe heraussuchen, die klein und nicht so stark sind, denn die kann man am Anfang ganz einfach herausziehen.
- Als „Karottenzieher" muss man den überraschenden Angriff starten. Man zieht erst an einem bestimmten Kind, wenn dann der Nachbar abgelenkt ist und wegschaut, schnappt man sich seine Füße und löst ihn blitzartig aus der Kette.

- Als „Karotte" muss man sich ganz fest an die anderen Kinder klammern, um nicht herausgezogen zu werden. Es funktioniert viel besser, wenn man mit seinen Händen die Oberarme des anderen umklammert, statt sich nur an den Händen festzuhalten.
- Als „Karotte" muss man sich von der Gruppe lösen, um einem schwächeren Spieler aus der Gruppe zu helfen.

Variationsmöglichkeiten

- Wenn man es geschafft hat eine Karotte aus dem Karottenbeet zu ziehen, dann darf man sich wieder an dessen Stelle im Feld platzieren.

Anmerkungen zum Spielgeschehen nach der Beobachtung von außen

Hierbei ist es fast ratsam, dass die Kinder lange Oberteile und lange Hosen tragen, damit es zu keinen Verbrennungen der Haut durch das Rutschen auf dem Hallenboden kommt. Dieses Spiel hätten die Kinder viele weitere Stunden lang spielen können. Beim Zusehen hat man deutlich sehen können, dass befreundete Spieler dem jeweiligen anderen jederzeit geholfen haben. Wenn einer der Freunde kurz vor dem Herausziehen war, hat man sich ebenfalls von der Gesamtgruppe gelöst und eine neue kleine Gruppe gebildet. Die Spieler haben wirklich alles gegeben, um ein Mitglied der Kette nicht zu verlieren. Schwächere Spieler haben hierbei das Problem gehabt, dass die benachbarten Spieler ihnen keine Kraft für eine eigene kleine Kette zugetraut haben, deshalb haben sich Spieler auch manchmal entschieden, an der Hauptgruppe hängen zu bleiben. Einige Kinder haben stark geschwitzt und sind im Gesicht vor lauter Anstrengung rot angelaufen. Unsportlich gegenüber Mitgliedern der Gruppe war es, wenn ein Spieler einem anderen Spieler an der Hose gezogen oder an den Füßen gekitzelt hat.

Anmerkungen vom Leser

_____

_____

_____

_____

Spiele, die wir Kinder gerne spielen

VI.
Zeit- und
Wettkampfspiele

1. Das Wettlaufspiel

Spielidee	Hierbei sollen die Kinder ihre Schnelligkeit innerhalb einer Staffel unter Beweis stellen.
Spielfläche	Gespielt wird in einem Hallensegment.
Spielmaterial	Drei kleine Kästen; 12 Hütchen.
Spielregeln	Es werden drei Mannschaften gewählt. Jede Mannschaft setzt sich danach hintereinander auf eine kleine Matte. Nach dem Startzeichen des Schiedsrichters laufen die ersten Kinder um die Hütchen herum durch die Halle. Auf der anderen Seite ankommend, umrunden sie einen kleinen Kasten und laufen wieder zur Gruppe im Slalom zurück. Wenn sich der erste und der zweite Läufer abschlagen, darf der zweite Läufer erst loslaufen. Es wird so lange gelaufen, bis gleich viele Läufer in jeder Gruppe gelaufen sind. Sollte in einer Gruppe eine un-

gerade Teilnehmeranzahl auftreten, muss ein Läufer zweimal laufen.

Gewonnen hat die Mannschaft, die als Erste wieder in der Startreihenfolge auf der Matte hintereinander sitzt.

Meinung der Kinder zu diesem Spiel

Was macht euch an diesem Spiel am meisten Spaß?

- In unserer Gruppe waren viele schnelle Kinder, sodass wir den ersten Durchlauf locker gewannen. Als die Gruppen im zweiten Durchgang anders zusammengestellt wurden, war es sehr spannend, wer nun am Schluss als Siegergruppe feststehen würde.
- Es war beruhigend, auf den anderen Laufbahnen zu sehen, dass die anderen Gruppen langsamer waren.

Was gefällt euch an diesem Spiel nicht?

- Bei uns in der Gruppe waren zwei Kinder viel zu langsam. Dadurch hat mir das Spiel keinen Spaß gemacht.
- Meine Mannschaft hat immer verloren, weil ich zu langsam war.
- Ein Kind bei uns in der Gruppe hatte ihre Sportschuhe vergessen. Zum Laufen wollte er seine Strümpfe nicht ausziehen. Weil er mit den Strümpfen dauernd ausrutschte, konnten wir gar nicht gewinnen.

Mit welcher von euch entwickelten Taktik hat es am besten geklappt?

- Man musste sich sehr anstrengen, um für die Gruppe alles zu geben.
- Kein Wunder, dass das eine Kind so langsam war, denn es hat vergessen, die Arme richtig mitzunehmen.
- Ich bin sehr eng um den kleinen Kasten herumgelaufen, so habe ich kostbare Zeit gespart.

Variationsmöglichkeiten

- Hierbei können zwei kleine Kästen als Hindernisse aufgebaut werden, die von den Spielern zu überspringen sind. Die Gruppe, die als erstes wieder in der Startformation auf der Matte sitzt, hat gewonnen.

Anmerkungen zum Spielgeschehen nach der Beobachtung von außen

Dies war mit eines der Lieblingsspiele der ganz schnellen Läufer. Hier konnten sie ihr tolles Laufleistungsvermögen vor allen anderen Kindern unter Beweis stellen. Allerdings war es nicht zu übersehen, dass diese Läufer, wenn sie in einer Gruppe mit schwächeren Läufern antreten mussten, sehr geknickt schienen. Diese guten Läufer ließen ihre miserable Laune an den schlechten Läufern dieses Spiels aus, was auf keinen Fall fair war. Einige Kinder waren einfach nicht in der Lage, ein hohes Tempo zu laufen. Obwohl sie sich redlich bemühten, kam es dem Zuschauer meistens so vor, als ob diese Läufer auf der Stelle laufen würden. Ein Mädchen war von der Kritik so sehr betroffen, dass sie kurz zu weinen anfing, doch nach einem kurzen Augenblick wieder lächelnd am weiteren Spielgeschehen teilnahm.

Anmerkungen vom Leser

2. Das Rolllaufspiel

Spielidee	Hierbei sollen die Kinder ihre Schnelligkeit beim Führen eines großen Balls und dem Laufen innerhalb einer Staffel unter Beweis stellen.
Spielfläche	Gespielt wird in einem Hallensegment.
Spielmaterial	Drei Bänke; 15 Hütchen (in jeder Reihe fünf Hütchen); drei große Gymnastikbälle.
Spielregeln	Es werden drei Mannschaften gebildet.

Jede Mannschaft setzt sich hintereinander auf ihre Bank. Nach dem Startzeichen des Schiedsrichters laufen die Ersten mit dem großen Gymnastikball neben dem Körper auf dem Boden rollend, durch den Hütchenparcours und wieder zurück. Wenn der Läufer den zweiten Läufer abgeschlagen hat, darf dieser mit dem Gymnastikball am Boden rollend loslaufen.

Es wird so lange gelaufen, bis gleich viele Läufer in jeder Gruppe gelaufen sind. Sollte in einer Gruppe eine un-

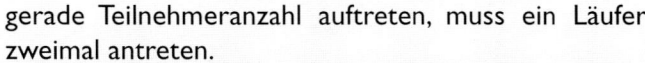

gerade Teilnehmeranzahl auftreten, muss ein Läufer zweimal antreten.

Gewonnen hat die Mannschaft, die als Erste wieder in der Startreihenfolge auf ihrer Bank hintereinander sitzt.

Meinung der Kinder zu diesem Spiel

Was macht euch an diesem Spiel am meisten Spaß?

- Mir hat es viel Spaß gemacht, dass man bei diesem Spiel viel rennen und darauf achten musste, dass einem der große Ball nicht wegrollt.
- Ich fand es gut, dass man in gebückter Haltung laufen musste.
- Als ich an dem einen Hütchen hängen blieb, war ich sehr aufgeregt, doch als ich es dann wieder schaffte, die Kinder auf den anderen Bahnen einzuholen, war ich ganz stolz auf meine Laufleistung.

Was gefällt euch an diesem Spiel nicht?

- Ich fand es sehr unangenehm, in gebückter Haltung zu laufen. Ich habe heute Abend bestimmt Rückenschmerzen.
- Ich bin einmal aus dem Gleichgewicht geraten und hingefallen, das fand ich blöd.
- Einer aus der Gruppe hat mich angeschrien, weil ich so langsam war, dabei habe ich alles gegeben.

Mit welcher von euch entwickelten Taktik hat es am besten geklappt?

- Man musste den Ball schnell mit einer Hand führen, doch dabei genau die Hütchen im Auge behalten.
- Es ist wichtig, eng um die Hütchen herumzulaufen, um Zeit zu gewinnen.

Variationsmöglichkeiten

- Hierbei kann der große Gymnastikball um die in der Reihe stehenden fünf Hütchen geprellt werden. Die Gruppe, die als erstes wieder in der Startformation auf der Bank sitzt hat gewonnen.

Anmerkungen zum Spielgeschehen nach der Beobachtung von außen

Einige der Spieler fanden es ganz toll, einen großen Gymnastikball so schnell wie nur möglich durch die Halle zu rollen und dabei um die aufgestellten Hütchen zu laufen. Andere hingegen hatten große Schwierigkeiten, das Laufen und das Führen des Gymnastikballs von den Bewegungsabläufen her zu verbinden. Entweder war der Ball oder die jeweiligen Füße der Spieler zu schnell oder zu langsam. Spaß an diesem Spiel hatten jedoch fast alle Kinder. Innerhalb der jeweiligen Gruppen wurden die aktiven Spieler ständig angefeuert. Die aufgestellten Hütchen wurden beim Rollen des gro-ßen Gymnastikballs einige Male verschoben. Damit den folgenden Spielern daraus kein Nachteil entstehen sollte, mussten die Hütchen fast nach jedem zweiten Läufer wieder ordnungsgemäß aufgestellt werden.

Anmerkungen vom Leser

_____

_____

_____

_____

_____

_____

3. Der Mattentransport

Spielidee	Zwei Kinder müssen zusammen eine kleine Matte durch den Hütchenparcours tragen.
Spielfläche	Gespielt wird in einem Hallensegment.
Spielmaterial	Drei Bänke; 15 Hütchen (in jeder Reihe fünf Hütchen); drei kleine Matten.
Spielregeln	Es werden drei Mannschaften gewählt. Jede Mannschaft setzt sich hintereinander auf ihre Bank. Nach dem Startzeichen des Schiedsrichters laufen die ersten beiden Kinder mit der kleinen Matte in den Händen durch den Hütchenparcours und wieder zurück. Wenn die beiden Läufer an der Bank angelangt sind, stehen die nächsten beiden Läufer auf und nehmen sich die Matte und laufen los.

Es wird so lange gelaufen, bis gleich viele Läuferpaare in jeder Gruppe gelaufen sind. Sollte in einer Gruppe eine ungerade Teilnehmerzahl auftreten, muss ein Läufer zweimal antreten.

Meinung der Kinder zu diesem Spiel

Was macht euch an diesem Spiel am meisten Spaß?

- Hierbei war Teamarbeit gefragt, das finde ich toll.
- Dadurch, dass wir beide wussten, wie und wolang wir laufen mussten, hat es uns viel Spaß gemacht.
- Ich fand es am besten, dass unsere Mannschaft gewonnen hat.

Was gefällt euch an diesem Spiel nicht?

- Ich habe mit einem Jungen zusammen die Matte getragen, der diese andauernd fallen gelassen hat. Da hätte ich am liebsten aufgehört.
- Bei uns hat es einfach nicht geklappt. Entweder waren wir zu langsam oder zu ungeschickt.
- Ich fand die Matte für zwei Personen zu schwer.

Mit welcher von euch entwickelten Taktik hat es am besten geklappt?

- Man muss sich vorher mit seinem Partner kurz absprechen, wie man durch den Hütchenparcours laufen will, damit es klappt.
- Der Stärkere muss vorne laufen, damit es trotzdem weitergeht, wenn der Schwächere die Matte fallen lässt. Dies ist umgekehrt nicht der Fall.
- Ich habe mir die Füße des Partners vor mir angeschaut und habe versucht, den gleichen Rhythmus mit den Füßen zu laufen.

Variationsmöglichkeiten

- Die Anzahl der Mattenträger wird nun von zwei auf sechs Spieler erhöht. Danach legt sich ein Spieler mit dem Bauch auf die Matte. So wird er im schnellen Tempo um die Hütchen herumgetragen. Sieger ist die Gruppe, die nach drei Transporten wieder geschlossen auf der eigenen Bank sitzt.

Anmerkungen zum Spielgeschehen nach der Beobachtung von außen

Für die Kinder, die nicht so gut laufen und gleichzeitig nicht so viel Kraft zum Tragen haben, ist dieses Spiel sicher ein rotes Tuch. Ständig ließen sie die Matte fallen und waren den schnelleren Läufern grundsätzlich zu langsam. In den Augen der langsameren und kraftlosen Kinder sah man richtig die Erleichterung, als dieses Spiel endlich zu Ende war. Bei anderen Spielern hingegen sah die Bewegung ruhig und harmonisch aus. Auch den guten Läufern sind Fehler passiert, die eine Menge Zeit gekostet haben. Es ist absolut wichtig, dass sich die Kinder in der Zweiergruppe positiv motivieren, sie Schwierigkeiten gemeinsam lösen und sich auf einen harmonischen, einheitlichen Laufrhythmus einigen.

Anmerkungen vom Leser

_____

_____

_____

_____

_____

_____

4. Das Huckepacklaufspiel

Spielidee	Die Kinder sollen ein anderes Kind eine bestimmte Strecke lang tragen und im zweiten Durchgang getragen werden.
Spielfläche	Gespielt wird in einem Hallensegment.
Spielmaterial	Vier kleine Kästen werden in der Mitte der Halle im Abstand von 2 m im Quadrat aufgestellt.
Spielregeln	Es werden vier Mannschaften gebildet. In jeder Hallenecke sollen sich gleich viele Kinder verteilen. Diese schließen sich dort zu Zweiergruppen zusammen, wobei ein Kind trägt und das andere vorerst getragen wird. Im zweiten Durchgang wechseln die beiden ihre Position. Von der jeweiligen Hallenecke aus, laufen die jeweiligen Zweiergruppen in die Hallenmitte. Dort umrunden sie

den für diese Gruppe vorgesehenen Kasten und laufen schließlich wieder zum Startpunkt zurück.

Beim Laufen darf kein Mitglied einer anderen Gruppe behindert werden.

Diejenige Gruppe (aus A bis D) hat das Spiel gewonnen, die zuerst wieder geschlossen in ihrer Ecke steht, und jeder zuvor einmal Träger war und einmal getragen wurde.

Meinung der Kinder zu diesem Spiel

Was macht euch an diesem Spiel am meisten Spaß?

- Mir hat es total gut gefallen, als ich getragen wurde. Ich kam mir vor wie der Reiter, der Kommandos gibt.
- Es war spannend zu sehen, ob wir mit einem Gewicht auf dem Rücken schneller waren oder die anderen. Ich habe oft zu den anderen Kindern hinübergeschaut.
- Ich fand es sehr gut, dass man sowohl Pferd wie auch Reiter sein durfte.

Was gefällt euch an diesem Spiel nicht?

- Ich war mit jemanden zusammen, der mich kaum tragen konnte, dadurch haben wir andauernd verloren.
- Es war unfair, wenn zwei starke Spieler eine Zweiergruppe gebildet haben.
- Weil ich nicht so schnell und kräftig bin, wurde ich die ganze Zeit von meinem Partner angeschrien. Da hätte ich am liebsten aufgehört.

Mit welcher von euch entwickelten Taktik hat es am besten geklappt?

- Am besten ist es natürlich, wenn in einer Zweiergruppe jeweils schnelle und gleichzeitig kräftige Spieler zusammen sind.
- Wir haben es immer so gemacht, dass erst der langsame Spieler getragen hat und danach getragen wurde. Dadurch konnte nach dem Wechsel der Schnellere und Stärke einen Rückstand besser aufholen.
- Bei uns hat es so gut geklappt, weil wir uns gegenseitig angefeuert haben.

Variationsmöglichkeiten

• Auf dem Weg zum Kasten, der in der Feldmitte platziert wurde, werden Hütchen ausgelegt, die im Slalom umrundet werden müssen.

Anmerkungen zum Spielgeschehen nach der Beobachtung von außen

Die kräftigen Spieler waren häufig sehr schwer für die übrigen Spieler. Durch die lauten Anfeuerungsrufe des Partners schafften es jedoch alle Kinder, ein anderes Kind auf ihrem Rücken sitzend zu tragen. Schwierig wurde es, wenn sich der Reiter zusätzlich auf dem Rücken des anderen ruckartig bewegt hat. Keiner der Spieler hat bei diesem Spiel an das vorzeitige Aufhören gedacht. Dafür machte ihnen das Tragen eines anderen und das Getragenwerden viel zu viel Spaß. Die von den Kindern frei gewählte Taktik, erst mit dem Tragen des schwereren und meist auch schnelleren Spielers zu starten, erwies sich im Nachhinein als großer Vorteil, denn so konnte der Schlussläufer genau seine Rückstände zu den anderen Gruppen registrieren und ein notwendiges Tempo aufnehmen. Häufig schafften diese Gruppen dann auch den Sieg.

Anmerkungen vom Leser

_____

_____

_____

_____

_____

_____

5. Auf allen vieren

Spielidee	Auf allen vieren, so schnell wie nur möglich, um die aufgestellten Hütchen herumlaufen.
Spielfläche	Gespielt wird in einem Hallensegment.
Spielmaterial	Drei Bänke, auf denen die Kinder sitzen; 15 Hütchen (in jeder Reihe fünf Hütchen).
Spielregeln	Es werden drei Mannschaften gebildet. Jede Mannschaft setzt sich hintereinander auf ihre Bank. Nach dem Startzeichen des Schiedsrichters starten die ersten Spieler auf allen vieren durch den Hütchenparcours und wieder zurück. Wenn der Läufer den zweiten Läufer abgeschlagen hat, darf dieser loslaufen. Es wird so lange gelaufen, bis gleich viele Läufer in jeder Gruppe gelaufen sind. Sollte in einer Gruppe eine ungerade Teilnehmeranzahl auftreten, muss ein Läufer zweimal antreten.

Sieger ist diejenige Gruppe, die geschlossen, nach einem Lauf aller Spieler, wieder hintereinander auf der Bank sitzt.

Meinung der Kinder zu diesem Spiel

Was macht euch an diesem Spiel am meisten Spaß?

- Es hat total viel Spaß gemacht auf allen vieren zu laufen. Ich kam mir vor wie eine Katze, die durch die Halle läuft.
- Bei manchen Spielern sah es total lustig aus, wie die sich bewegt haben.
- Je geschickter man mit den Händen und Füßen war, umso mehr Spaß hat es letztendlich gemacht.

Was gefällt euch an diesem Spiel nicht?

- Ich habe mich zum ersten Mal auf allen vieren bewegt. Irgendwie hat dabei überhaupt nichts geklappt.
- Beim Spielen habe ich mir die Hände schmutzig gemacht, das hat mir nicht so gut gefallen.
- Beim Laufen hat mir der Rücken wehgetan.

Mit welcher von euch entwickelten Taktik hat es am besten geklappt?

- Bevor wir das Spiel begonnen haben, habe ich ausprobiert, wie es ist, auf allen vieren zu laufen, wie ich meine Hände und meine Füße bewegen muss, wie ich schnell und wie ich langsam laufen kann. Ich denke, das hat mir viel gebracht.
- Ich glaube, man muss sich in eine Katze versetzen, um in diesem Spiel gut abzuschneiden.

Variationsmöglichkeiten

- Mit zwei Kästen und einer Matte werden kleine Tunnel gebaut, durch die der Spieler auf allen vieren hindurchkrabbeln muss.

Anmerkungen zum Spielgeschehen nach der Beobachtung von außen

Unter den Spielern gab es einige Kinder, die in einem hohen Tempo durch die Halle fegten. Ihnen schien es überhaupt nichts auszumachen, in einer für sie ungewohnten Körperhaltung durch die Halle zu laufen. Die Spieler, die besonderen Spaß an diesem Spiel hatten, bellten auf wie ein Hund oder knurrten wie eine umherstreunende Katze. Einen besonderen Vorteil hatten die Kinder, die sich zu Spielbeginn einige Bewegungsabläufe in der Position auf allen vieren durch das Einlaufen veranschaulichten. Sie bremsten aus hohem Tempo ab, erhöhen oder verringern das Tempo nach Belieben und bewegten sich schon in der Vorbereitung durch den bereits aufgebauten Hütchenparcours hindurch.

Anmerkungen vom Leser

Spiele, die wir Kinder gerne spielen

VII.
Musikspiele

1. Die Reise nach Jerusalem

Spielidee	Der Spieler, der zum Schluss einen Platz auf dem letzten großen Gymnastikball findet, hat gewonnen.
Spielfläche	Gespielt wird in einem Hallensegment.
Spielmaterial	Jeder Spieler sollte einen Gymnastikball haben.
Spielregeln	Bevor das Spiel beginnt, wird ein Ball aus dem Spiel genommen. Wenn die Musik läuft, bewegen sich die Spieler in der Halle. Sobald die Musik gestoppt wird, versucht jeder, sich einen Ball zu schnappen und sich darauf zu setzen. Derjenige Spieler, der keinen Ball mehr erwischt, scheidet aus. Immer nachdem ein Spieler ausscheidet, wird ein weiterer Ball aus dem Spiel genommen.

Der Spieler, der am Schluss als Einziger auf dem letzten Gymnastikball sitzend übrig bleibt, hat das Spiel gewonnen.

Meinung der Kinder zu diesem Spiel

Was macht euch an diesem Spiel am meisten Spaß?

- Ich fand es gut, dass man zwischen dem schnellen und dem langsamen Laufen wählen konnte.
- Es war spannend, denn nach jedem Stopp wurde ein Gymnastikball aus dem Spiel genommen.
- Das war ein tolles Spiel, weil wir uns zur Musik bewegen konnten.

Was gefällt euch an diesem Spiel nicht?

- Mir hat es überhaupt nicht gefallen, wenn die anderen Spieler mich gestoßen haben, um an einen Ball zu kommen und ich schließlich ausscheiden musste.
- Ich war schon etwas traurig darüber, dass ich so oft und zudem so früh ausgeschieden bin.
- Ich fand es überhaupt nicht gut, dass manche Spieler an einem Ball ständig kleben geblieben sind. Dadurch war es dann ja auch klar, dass diese Spieler immer zu den schnelleren Spielern gehörten, die einen Gymnastikball gefunden haben.

Mit welcher von euch entwickelten Taktik hat es am besten geklappt?

- Man muss schnell hören, wenn die Musik ausgeschaltet wird, schnell reagieren und schnell laufen, um an einen freien Ball zu gelangen.
- Man darf sich nicht zu weit weg von einem Ball bewegen. Wenn ein Ball von zu vielen Spielern belagert wird, muss man sich schnell einen anderen Ball suchen.

Variationsmöglichkeiten

- Hierbei werden nun nach jeder Phase zwei Gymnastikbälle aus dem Spiel genommen. Die Spieler, die Ausscheiden, müssen bei dieser Variation nicht allzulang warten, bis sie wieder zum Einsatz kommen.

Anmerkungen zum Spielgeschehen nach der Beobachtung von außen

Dieses Spiel verlangt danach, dass die Spieler, die sich keinen Ball erlaufen können, ausscheiden. Die Kinder sind auch ganz heiß darauf, dass in diesem Spiel die Verlierer ausscheiden und nicht, wie in anderen Spielen, Minuspunkte erhalten. Die Kinder wollen sehen, wer dieses Spiel gewinnt. Zwar schienen die ausgeschiedenen Spieler traurig zu sein, doch verfolgten sie voller Spannung den weiteren Spielverlauf. Sie wollten alle wissen, wer der Beste in diesem Spiel ist. Wenn zum Schluss noch zwei Spieler übrig sind, laufen diese, fast schon den Ball festhaltend im Kreis umher. Ein freies Bewegen in der Halle kann nicht mehr erwartet werden. Schließlich gewinnt derjenige, der sich den Ball schnappt und darauf setzt. Der Zweite ist in der Regel derjenige, der die unfaire Aktion des Siegers kritisiert. Im Verlauf eines Spiels stoßen Spieler zusammen und diskutieren gerne über das unsanfte Verhalten des Gegners. Ein Spiel, was auch auf vielen Kindergeburtstagen einen festen Platz hat.

Anmerkungen vom Leser

2. Feuer, Wasser, Blitz

Spielidee	So schnell, wie nur möglich müssen sich die Kinder auf Zuruf des Spielleiters in die Ecke stellen (bei Zuruf Feuer), hochklettern (bei Zuruf Wasser) oder hinlegen (bei Zuruf Blitz).
Spielfläche	Gespielt wird in einem Hallensegment.
Spielmaterial	Hierfür sind keine Materialien erforderlich.
Spielregeln	Die Spieler bewegen sich bei laufender Musik in der Halle. Sie können tanzen, einfach nur laufen, eine Rolle oder einen Handstand machen. Im Moment, in dem die Musik ausgeschaltet wird, ruft der Spielleiter eines der drei Schlagwörter laut in die Menge. Bei dem Begriff „Feuer" müssen die Spieler ganz schnell in die Ecke laufen. Wenn der Spielleiter „Wasser" ruft, müssen die Kinder ganz schnell auf etwas

hochklettern. Ruft der Spielleiter jedoch „Blitz", dann müssen sich die Kinder ganz schnell auf den Boden legen. Der Spieler, der am langsamsten reagiert, scheidet aus. Das Spiel ist dann beendet, wenn ein Spieler übrig bleibt und das Spiel somit gewinnt.

Meinung der Kinder zu diesem Spiel

Was macht euch an diesem Spiel am meisten Spaß?

- Ich fand es sehr gut, dass dieses Spiel sehr abwechslungsreich war. Mal in die Ecke laufen, mal hochklettern, mal hinlegen. Mir hat es sehr gut gefallen.
- Mir hat es so gut gefallen, weil es immer so spannend war, was wohl der Spielleiter als Nächstes sagen wird.
- Man musste ganz schnell reagieren, um so lange wie nur möglich drinzubleiben, das fand ich super.

Was gefällt euch an diesem Spiel nicht?

- Es waren immer die gleichen Spieler, die am Anfang rausgeflogen sind, das fand ich blöd.
- Wenn man nur langsam auf das Gesagte reagieren kann, hat man keine Chance. Ich reagierte leider fast immer zu langsam.
- Dass die Kinder, die zu langsam waren, herausgeflogen sind, fand ich nicht so toll, besser hätte es mir gefallen, wenn wir mit Minuspunkten gespielt hätten. So hätten wenigstens alle Spieler mehr vom Spielen gehabt.

Mit welcher von euch entwickelten Taktik hat es am besten geklappt?

- Man muss sehr schnell reagieren können.
- Wenn der Spielleiter Feuer oder Wasser ruft, dann ist es wichtig, dass man schnell laufen kann. Bei Blitz braucht man sich nur einfach fallen zu lassen.
- Ich habe den Spielleiter beobachtet und wusste dann ungefähr, wann er die Musik ausschalten wird. Dementsprechend habe ich mich gleichzeitig zwischen einem Gerüst und einer Ecke aufgehalten.

Variationsmöglichkeiten

• Bei diesem Spiel kann man gut „Verkehrte Welt" spielen. Genau das, was vom Spielleiter gerufen wird (z. B. Feuer), darf nicht für ernst genommen werden. Die Spieler haben hierbei also zwei Möglichkeiten (z. B. Wasser oder Blitz) zur Auswahl.

Anmerkungen zum Spielgeschehen nach der Beobachtung von außen

Die Kinder tanzen ganz wild in der Halle, allerdings richten sie immer wieder ihren Blick auf den Spielleiter, der die Musik aus- und anschaltet. Sobald die Musik ausgeschaltet wird und das gewählte Schlagwort fällt, geht das Geschreie und das Gelaufe los. Alle Kinder stehen in diesem Augenblick unter einer hohen Anspannung. Erst wenn derjenige Spieler bestimmt wurde, der ausscheidet, legt sich die Anspannung vorerst wieder. Die Spieler fanden es ganz toll, wenn sie sich so schnell wie nur möglich auf den Boden fallen lassen mussten. Über die Spieler, die bei der Bezeichnung Blitz an etwas hochkletterten oder in die Ecke rannten, wurde herzhaft gelacht.

Anmerkungen vom Leser

_____

_____

_____

_____

_____

_____

3. Stopptanz

Spielidee	Wenn die Musik ausgeschaltet wird, müssen alle Spieler so schnell, wie nur möglich, versteinert sitzen, stehen oder liegen bleiben.
Spielfläche	Gespielt wird in einem Hallensegment.
Spielmaterial	Keine Materialien erforderlich!
Spielregeln	Sobald die Musik beginnt, können sich alle Spieler in der Halle frei bewegen.
	Wenn die Musik ausgeschaltet wird, darf sich niemand mehr bewegen.
	Geschieht dies dennoch, dann scheidet der Spieler aus, oder erhält einen Minuspunkt.
	Der Spieler, der am Schluss noch übrig bleibt, oder die wenigsten Minuspunkte hat, gewinnt das Spiel.

> Zu jeder neuen Runde wird ein neuer Spielleiter bestimmt, der die Musik aus- und anschalten darf, und der bestimmt, ob jemand ausscheidet oder nicht.

Meinung der Kinder zu diesem Spiel

Was macht euch an diesem Spiel am meisten Spaß?

- Die Musik von „Cher" hat mir total gut gefallen, denn dabei konnte man sich so toll bewegen.
- Je lauter die Musik, umso besser.
- Ich fand es immer so spannend, ob der Spielleiter einen beim Bewegen erwischt oder nicht.

Was gefällt euch an diesem Spiel nicht?

- Mir hat es nicht gefallen, wenn ich ausgeschieden bin.
- Manchmal habe ich mich überhaupt nicht bewegt und bin trotzdem ausgeschieden.

Mit welcher von euch entwickelten Taktik hat es am besten geklappt?

- Man muss einen festen Punkt in der Halle anschauen, um nicht aus dem Gleichgewicht zu kommen.
- Man darf sich nicht durch lustige Bemerkungen des Spielleiters beim Schauen ablenken lassen, weil dabei die Gefahr besteht, dass man sich bewegt. Am besten ist es, wenn man an etwas anderes denkt und das Gesagte einfach überhört.

Variationsmöglichkeiten

- Wenn die Musik ausgeschaltet wird, muss man als Läufer sofort stehen bleiben und sich in ein versteinertes Tier verwandeln (Elefant, Affe, Hund usw.). Wird das Tier vom jeweiligen Spielleiter erraten, wird man zum neuen Spielleiter und darf zur Belohnung den Kassettenrekorder bedienen.

Anmerkungen zum Spielgeschehen nach der Beobachtung von außen

Bei diesem Spiel können die Kinder ihre schauspielerischen Qualitäten unter Beweis stellen. Als ich in der ersten Phase als Spielleiter fungierte, ließ ich kleine Bewegungen

zu. Auch ich war in diesen Augenblicken schauspielerisch aktiv. Jedes Mal, wenn kein Kind in Bewegung von mir ertappt wurde, war die gesamte Gruppe total aus dem Häuschen. Genauso wie im Spiel „1,2,3,4 Ochs am Berg" wurden auch in diesem Spiel Grimassen gezogen, wenn der Spielleiter gerade mit dem Rücken zu einem Spieler stand. Wenn eines der Kinder als Spielleiter tätig war, war Schluss mit lustig. Jede Bewegung, auch wenn sie noch so unscheinbar schien, wurde von den Kindern mit dem Ausscheiden oder später auch mit deftigen Minuspunkten bestraft.

Anmerkungen vom Leser

_____

_____

_____

_____

_____

_____

Auswertung der beantworteten Fragebögen

Bei den Fragebögen konnten die Kinder für ihr persönliches Topspiel eines Spielblocks maximal zehn Punkte vergeben. Das Spiel, das bei diesem Kind als zweitbestes abgeschnitten hatte, bekam neun Punkte. Diese Vorgehensweise wurde solange fortgesetzt, bis jedes Spiel seinen Rangplatz von den Kindern erhalten hatte.

In der nun folgenden Übersicht werden die Spielblöcke, die jeweiligen Spiele, die Gesamtpunktzahlen ((Gpz) von allen Kindern zusammengerechnet) und die Platzierung innerhalb des Spielblocks wiedergegeben. Das Spiel mit den meisten Punkten in einem Spielblock war auf die gesamte Gruppe betrachtet, das schönste Spiel. Dieser Wert ist in der nun folgenden Tabelle fett markiert. In der darauf folgenden Übersicht unserer „Top-10" sagt beispielsweise der kleinere Wert „138 Punkte für das Spiel Rollball" im Vergleich zum beispielsweise größeren Wert „180 Punkte für das Luftballonspiel" lediglich aus, dass die Entscheidung im Spielblock Ballspiele zwischen den Spielen in diesem Spielblock wesentlich enger ausgefallen ist, als es im Spielblock Lauf- und Fangspiele der Fall war.

Spielblock	Spiel	Gpz	Platz
I. Lauf- und Fangspiele	**1. Das Luftballonspiel**	**190**	**1**
	2. Bändersammeln	161	2
	3. Eismann	138	4
	4. Kettenfangen	126	6
	5. Steinerollen	129	5
	6. „1, 2, 3, 4 Ochs am Berg"	156	3
II. Ballspiele	1. Das große Treibballspiel	119	6
	2. Das kleine Treibballspiel	98	8
	3. Ball über die Schnur	132	3
	4. Hula-Hoop-Ball	124	5
	5. Raufball	137	2
	6. Das Spiel mit den großen Gymnastikbällen	116	7
	7. Rollball	**148**	**1**
	8. Brennball	127	4
	9. Völkerball	79	9
III. Ringspiele	**1. Ringtennis**	**185**	**1**
	2. Ringhockey	182	2
	3. Ringwurfspiel	173	3

... weiter auf Seite 142

IV. Seilspiele	1. Teddybär, Teddybär	171	3
	2. Verliebt, verlobt, verheiratet – geschieden	182	2
	3. Das Pferdchenspiel	**187**	**1**
V. Kampfspiele – Kraftspiele	**1. Das Ritterduell**	**183**	**1**
	2. Der Stockdrückkampf	126	4
	3. Füßetreten nach Punkten	103	7
	4. Tauziehen	105	6
	5. Schiebekampf (Rücken an Rücken)	111	5
	6. Hahnenkampf	96	8
	7. Mattenkampf	141	3
	8. Karottenziehen	175	2
VI. Zeit- und Wettkampfspiele	1. Das Wettlaufspiel	171	2
	2. Das Rolllaufspiel	149	4
	3. Der Mattentransport	145	5
	4. Das Huckepacklaufspiel	**175**	**1**
	5. Auf allen vieren	160	3
VII. Musikspiele	1. Die Reise nach Jerusalem	176	3
	2. Feuer, Wasser, Blitz	180	2
	3. Stopptanz	**184**	**1**

Unsere „Top-10" unter allen 37 Spielen nach einer finalen Umfrage:

1. Platz **Das Luftballonspiel** *(Aus Spielblock I. – dort 190 Punkte)*

2. Platz Das Ritterduell *(Aus Spielblock V. – dort 183 Punkte)*

3. Platz Stopptanz *(Aus Spielblock VII. – dort 184 Punkte)*

4. Platz Karottenziehen *(Aus Spielblock V. – dort 175 Punkte)*

5. Platz Das Pferdchenspiel *(Aus Spielblock IV. – dort 187 Punkte)*

6. Platz Verliebt, verlobt, verheiratet – geschieden
(Aus Spielblock IV. – dort 182 Punkte)*

7. Platz Mattenkampf *(Aus Spielblock V. – dort 141 Punkte)*

8. Platz Rollball *(Aus Spielblock II. – dort 148 Punkte)*

9. Platz Ringtennis *(Aus Spielblock III. – dort 185 Punkte)*

10. Platz Die Reise nach Jerusalem *(Aus Spielblock VII. – dort 176 Punkte)*

Wir gestalten vier Sportstunden

1. Stunde

Aktion	Eingeplante Zeit
• Erklären des Spiels – **Das Luftballonspiel** *(Seite 13)* und Rückfragen beantworten	2 min
• Schnur (am Luftballon und Fuß) befestigen	4 min
• Spielphase	10 min
• Dreck (Schnur und kaputte Luftballons) einsammeln	3 min
• Erklären des Spiels – **Das große Treibballspiel** *(Seite 33)* und Rückfragen beantworten	2 min
• Spielphase	10 min
• Erklären des Spiels – **Karottenziehen** *(Seite 108)* und Rückfragen beantworten	1 min
• Drei Gruppen à ca. acht Kinder einteilen sowie drei Felder in der Halle bestimmen	2 min
• Spielphase	10 min
• Kurzes Feedback aus der Gruppe	1 min

2. Stunde

Aktion	Eingeplante Zeit
• Erklären des Spiels – **Bänder sammeln** *(Seite 16)* und Rückfragen beantworten	2 min
• Bänder hinten in die Hose stecken und schauen, dass das Band bei jedem gleich weit heraushängt	2 min
• Spielphase	10 min
• Erklären des Spiels – **Das Spiel mit den großen Gymnastikbällen** *(Seite 48)* und Rückfragen beantworten	2 min
• Spielphase	10 min
• Erklären des Spiels – **Ringhockey** *(Seite 66)* vier Bänke platzieren und vier Mannschaften bestimmen	3 min
• 1. Spielphase (Gruppe A : B und C : D)	7 min
• 2. Spielphase (Gruppe A : D und C : B)	7 min
• Kurzes Feedback aus der Gruppe	2 min

3. Stunde

Aktion	Eingeplante Zeit
• Erklären des Spiels – **Das Pferdchenspiel** *(Seite 81)* und Rückfragen beantworten	2 min
• Kästen positionieren und Seile austeilen	2 min
• Spielphase	10 min
• Erklären des Spiels – **Brennball** *(Seite 54)* und Rückfragen beantworten	1 min
• Aufbauen von kleinen Stationen (Matten, Hütchen, usw.) und Positionierung des Gymnastikreifens (zum Verbrennen)	2 min
• Spielphase	2 × 6 min
• Wechselphase der beiden Gruppen	1 min
• Abbauen der Stationen	3 min
• Erklären des Spiels – **Steinerollen** *(Seite 25)* und Rückfragen beantworten	1 min
• Spielphase	10 min
• Kurzes Feedback aus der Gruppe	1 min

4. Stunde

Aktion	Eingeplante Zeit
• Erklären des Spielaufbaus – **Das Ritterduell** *(Seite 87)* (Aufgaben dafür an die Schüler verteilen)	1 min
• Aufbau	3 min
• Erklären der Spielregeln – Das Ritterduell	1 min
• Spielphase (Abbau erfolgt zum Ende der Stunde)	10 min
• Erklären des Spiels – **Tauziehen** *(Seite 96)*	1 min
• Vier Mannschaften bestimmen (Gruppen A-D à ca. 6 Spieler)	1 min
• Spielphase (A:B/C:D); (A:C/B:D); (A:D/B:C)	10 min
• Erklären des Spielaufbaus – **Mattenkampf** *(Seite 105)*	1 min
• Aufbau	1 min
• Erklären der Spielregeln und Einteilung der Gruppen	2 min
• Spielphase	10 min
• Einräumen der Kästen und Matten (Abbau)	3 min
• Kurzes Feedback aus der Gruppe	1 min

Abschlussbemerkungen

Diese Spielansammlung, unter der Einbindung des Meinungsbildes der spielenden Kinder, soll Ihnen nun genügend Kraft geben, deren Inhalte in Ihrer Kindergruppe nachzuspielen. Ebenso sollen Sie dazu ermutigt werden, in der eigenen Gruppe eine Umfrage zu starten, welches denn deren Lieblingsspiele sind. Somit können Sie noch gezielter auf die speziellen Spielwünsche eingehen.
Nun liegt es an Ihnen, das Feuer in Ihrer Sport- und Freizeitgruppe zu entfachen.

Für Erfahrungsberichte, Anmerkungen und Ideen steht Ihnen folgende Postfachanschrift der Arbeitsgruppe zur Verfügung:

Udo Weigl
Postfach 120711
65085 Wiesbaden

Zum Schluss bedankt sich der Autor ganz herzlich bei den Kindern der Arbeitsgruppe, der Grundschulrektorin Adelheid Maser, Petra Reindl und seiner Frau Claudia sowie seiner Tochter Jennifer für die wertvolle Unterstützung.

„Endlich haben wir das gespielt,
was ich spielen möchte."

„In unserer Sportspiele-AG haben wir viele
tolle Spiele gespielt und
nicht immer nur das gleiche Spiel."

„Ich hatte so viele Spielideen
und endlich haben mir ganz viele Kinder
zugehört."

2001. DIN A5, 128 Seiten
ISBN 3-7780-0031-4
Bestell-Nr. 0031   € 14.90

Dr. Frank Ulrich Nickel

Bewegen, Spielen, Darstellen

Dieser Band stellt über 150 praxiserprobte Spielformen des Integrationsbereiches Bewegen – Spielen – Darstellen vor. Sie dienen der Bewegungserfahrung und -erforschung, der Wahrnehmungsschulung, dem körper- und stimmbetonten Ausdrucks- und Darstellungsdrang, der Förderung von Kooperation und Motivation sowie dem kreativen Denken und selbsttätigen Handeln. Thematisch sind die untereinander kombinierbaren Spielformen in Raumspiele, Kreisspiele, Spiele mit Stimme oder Geräusch, zur Gruppenharmonie, zur Körpererfahrung, zum Darstellen und zur Körpersprache, Rollenspiele und Pantomime gegliedert. Als Modellbeispiele werden zusätzlich sechs ausgearbeitete Spielreihen (z. B. Die Marionette) vorgestellt.
Verständige Antworten auf die Frage „Warum spielen" sowie methodische Hinweise ergänzen den Band zweckmäßig.

1992. Format 17 x 24 cm, 128 Seiten
ISBN 3-7780-3634-3
Bestell-Nr. 3636   € 11.80

Andreas Kosel

Schulung der Bewegungskoordination

Übungen und Spiele für den Sportunterricht der Grundschule

6., unveränderte Auflage 2001

Das Buch enthält Vorschläge für Spiele und Übungen für den Sportunterricht in der Grundschule. Es soll bewirken, dass die koordinativen Fähigkeiten entwickelt und Bewegungssicherheit gewonnen wird. Der Film erläutert die Bedeutung der koordinativen Fähigkeiten für die Bewegungssicherheit und führt in die Arbeit mit dem Buch ein. Weiterhin enthält er einige methodische Hinweise.

Buch und Video:
VHS-Videofilm, 19 min.
Bestell-Nr. 3639   € 21.80

Verlag Karl Hofmann   Postfach 1360, 73603 Schorndorf

Tel. (0 71 81) 402-125, Fax (0 71 81) 402-111   E-Mail: bestellung@hofmann-verlag.de